AF401702

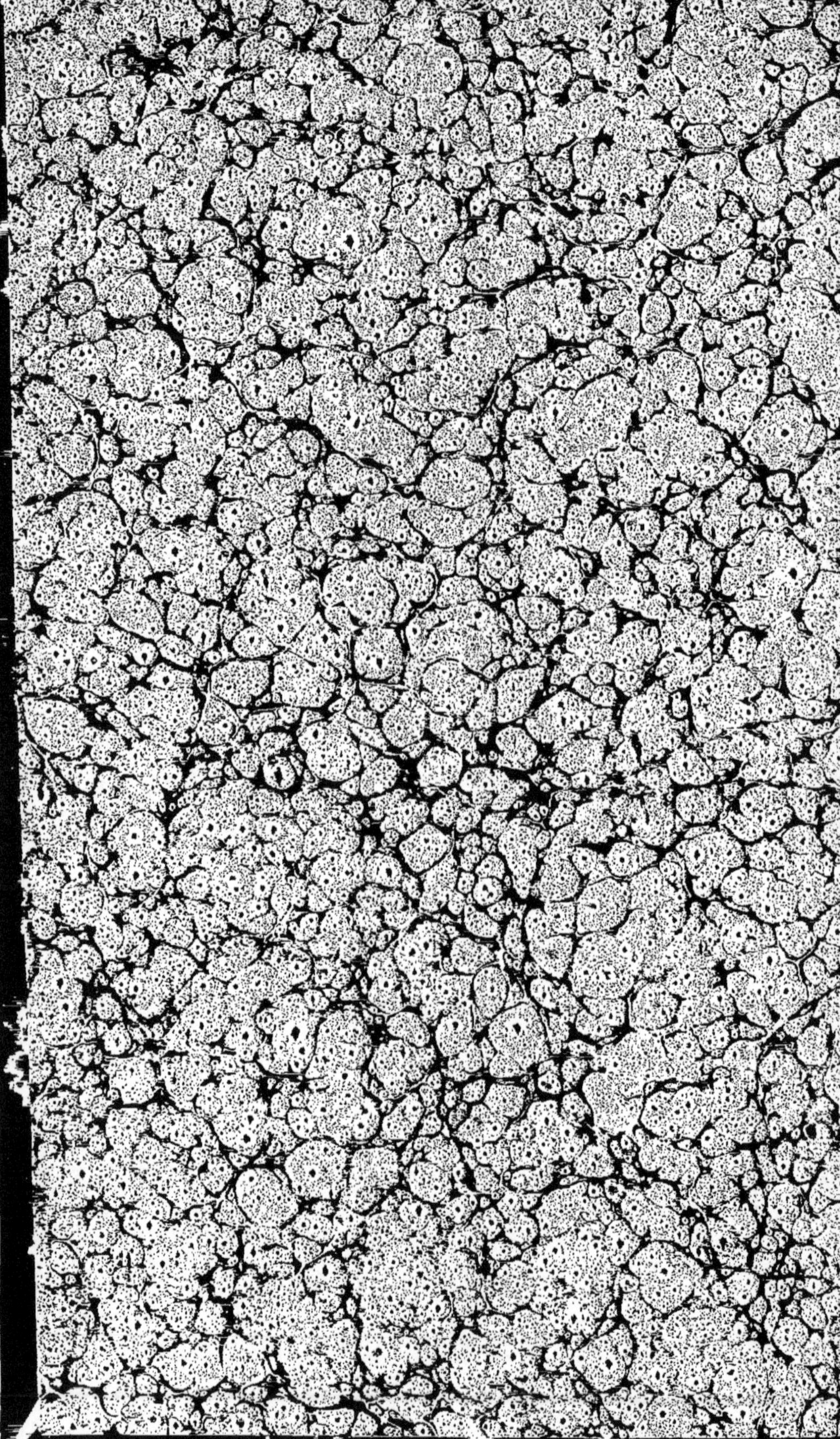

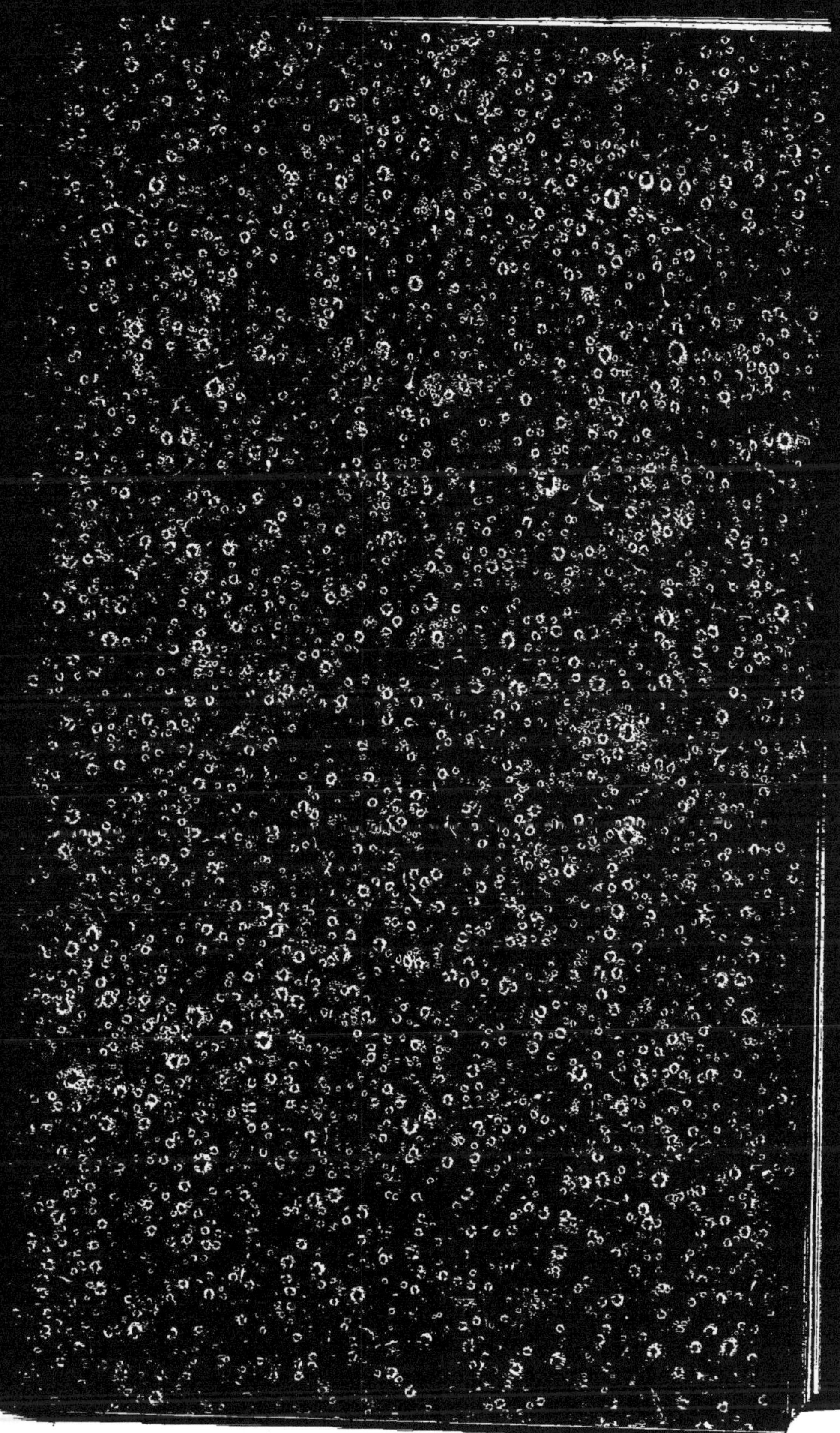

EXAMEN

SUR

LE DROIT ADMINISTRATIF.

IMPRIMERIE DE DUCESSOIS,
Quai des Augustins, 55.

EXAMEN

SUR

LE DROIT ADMINISTATIF,

OUVRAGE

DANS LEQUEL ON A TRAITÉ, AVEC TOUTE LA NETTETÉ POSSIBLE,
LES MATIÈRES DE LA LÉGISLATION SUR LESQUELLES PEUVENT ROULER
LES EXAMENS DU DROIT ADMINISTRATIF.

A L'USAGE DES ÉTUDIANS EN DROIT,

PAR L.-J. HORACE-DEGOUY,

Docteur en Droit,

AVOCAT A LA COUR ROYALE DE PARIS.

———

PARIS,

CHEZ POURCHET, LIBRAIRE-ÉDITEUR,

Rue des Grès-Sorbonne, 8.

1834

TABLE DES MATIÈRES.

IV

V

Pag.

FIN DE LA TABLE.

AVERTISSEMENT.

Une ordonnance royale du 19 juin 1828 a rétabli la chaire de Droit administratif à l'École de Droit de Paris. Cette même ordonnance astreint les étudians à suivre ce cours pendant la troisième année de leurs études. De là, nécessité pour eux de subir un examen sur cette branche si importante de la législation.

Les nombreuses lois qui régissent la matière sont amoncelées, sans ordre et sans suite, dans l'immense recueil du *Bulletin des Lois* ; là elles se modifient et s'abrogent les unes par les autres, et ce n'est que par une longue habitude et une vaste érudition qu'il est permis de trouver des lumières au milieu de ce cahos informe et sans liaison ; aussi l'habile jurisconsulte auquel a été confiée la Chaire de Droit Administratif, a-t-il senti cette difficulté ; il a pensé que l'explication orale n'atteindrait pas le but désiré, et dans son ouvrage, intitulé, *Institutes de Droit Administratif*, il a essayé un

Code dans lequel il a classé par ordre de matières toutes les lois, ordonnances, etc., encore en vigueur, sur la partie du droit qu'il était chargé d'enseigner. Cet ouvrage a été composé pour ses élèves; mais au lieu d'y trouver les élémens de la science, ils y ont vu un recueil profond, utile aux grandes vues d'amélioration sociale, méthodique à la vérité, mais trop savant pour leur jeune intelligence, et bien plutôt destiné à éclairer des jurisconsultes instruits que des jeunes gens avides d'apprendre, auxquels il faut frayer une route facile pour arriver au but désiré.

Le Cours de Droit Administratif doit être suivi par les étudians de troisième année, et cette partie du droit est un accessoire de leur quatrième examen. La Faculté a bien senti l'impossibilité d'embrasser dans cette épreuve tous les ressorts de l'administration, aussi elle s'est empressée de venir au secours des élèves en restreignant aux points les plus importans les matières sur lesquelles doivent rouler les examens du droit administratif.

Par là on a rendu l'épreuve plus facile,

mais est-on arrivé au point que l'on voulait atteindre? L'enseignement oral a des avantages incontestables, et jamais cette proposition ne sera révoquée en doute; cependant est-il possible, malgré toute bonne volonté, d'être toujours assez attentif pour ne rien laisser échapper? est-il possible de ne se laisser entraîner à aucune distraction, et d'avoir toujours en vue son objet pendant toute la durée d'un cours? Ensuite quel est celui qui peut se flatter d'avoir une imagination capable de tout saisir, de tout comprendre à l'instant même? Enfin les maladies, les absences et mille autres circonstances font que l'enseignement oral ne suffit pas seul pour rendre les étudians aptes à subir un examen.

Ces jeunes aspirans trouveront-ils un remède à ces inconvéniens dans des ouvrages de long cours, où les principes de la science se développent si savamment avec toutes ses conséquences? pourront-ils s'identifier avec les savans auteurs qui, maîtres de leur matière, s'enfoncent sans se perdre dans les tortueux labyrinthes de la science? Non, sans doute, il leur faut des livres élémentaires, des traités spéciaux et méthodiques qui les mènent au but sans les décourager, et qui leur servent comme d'échelons pour parvenir plus tard à l'intelligence des auteurs qu'ils pourront alors lire avec fruit.

Le livre que j'offre à mes anciens condisciples, tient le milieu entre les ouvrages au-dessus de leur portée, et les ouvrages trop abrégés. J'ai traité d'une manière simple, et raisonnée cependant, toutes les matières qui sont l'objet de l'Examen, et je n'ai point négligé les exemples pour éclaircir les difficultés.

Je ne donnerai point ici le PROGRAMME DES MATIÈRES *sur lesquelles roulent les examens du droit administratif*, parce que j'ai divisé mon livre en autant de chapitres qu'il y a de matières indiquées ; enfin je ferai remarquer que j'ai traité les contributions directes et indirectes, qui ont été ajoutées depuis peu à l'examen.

Puissent les jeunes gens auxquels je destine mon travail, me savoir gré des efforts que j'ai faits pour leur rendre plus facile l'accès d'une science qu'ils doivent d'autant moins négliger qu'elle est plus importante.

EXAMEN

SUR

LE DROIT ADMINISTRATIF.

TITRE PRÉLIMINAIRE.

De l'objet du Droit administratif et des rapports du Droit
administratif au Droit commun.

On peut considérer le droit administratif, relativement aux fonctions publiques par lesquelles s'exerce la mission confiée à l'administration. Sous ce point de vue , elle voit les citoyens en présence des autorités chargées de pourvoir aux besoins collectifs, elle voit ces mêmes autorités gérer les affaires communes.

Le droit administratif peut encore être envisagé relativement aux divers services publics auxquels s'applique la mission confiée à l'administration. Ici elle considère surtout la matière : en effet, elle voit

I

les citoyens dans leur participation aux charges et aux jouissances communes.

Nous avons à examiner :

1°. La nature des fonctions administratives, et nous verrons l'administration dans son ensemble ; nous reconnaîtrons le but de sa mission ;

2° L'organisation administrative, ou la hiérarchie des fonctionnaires qui participent aux divers ser-vices ; là nous connaîtrons les différens organes auxquels est confiée la mission d'administrer ;

3° Enfin, la procédure administrative, c'est-à-dire, les formes à suivre dans les rapports entre l'administration et les administrés.

Le droit administratif est celui qui a pour objet de régler les rapports réciproques de l'administration avec les administrés.

Le droit administratif prend sa source dans le droit public qui, en constituant les pouvoirs de l'état, a conféré à l'administration ses attributions générales ; dans les dispositions des lois qui lui ont donné certaines attributions spéciales ; enfin dans les réglemens et ordonnances qui déterminent les principales mesures nécessaires pour assurer les divers services publics.

Le droit public est celui qui a pour objet les rapports du gouvernement avec les gouvernés, c'est là que se trouvent les lois relatives à la division des pouvoirs, à la forme de l'administration, à la police et à la sûreté des citoyens.

Les définitions du droit public et du droit administratif offrent peu de différences, cependant le dernier diffère du premier, comme la conséquence diffère du principe : en effet, le droit administratif développe les règles du droit public, il est plus variable que lui, il se modifie dans ses détails suivant les circonstances des lieux et des temps, et c'est par là qu'il procure au droit public une application plus entière et plus immédiate.

Il faut bien distinguer le droit administratif du droit commun, soit civil soit criminel, ici il s'agit des personnes considérées isolément ; là, la société est toujours en cause. Cela n'empêche pas cependant que le droit administratif et le droit commun se prêtent un mutuel secours. Ainsi, l'administration respecte les titres de propriété, l'état des personnes, les contrats, les servitudes, etc. ; elle se soumet au droit commun dans toutes les questions qui concernent le domaine public, quand elle agit comme personne privée ; elle lui demande la sanction de ses réglemens ; elle a recours à lui quand il s'agit de la tutelle des communautés et des établissemens publics, et quand elle réclame des indemnités.

De son côté le droit commun prête secours au droit administratif, en confirmant l'exercice de l'autorité administrative, et en lui prêtant une sanction par des dispositions pénales.

Ainsi, un étranger a-t-il été admis par le roi à

établir son domicile en France, le droit commun vient au secours de cet étranger en consacrant les droits attachés à cette faveur.

Une femme épouse-t-elle un étranger, elle devient étrangère, et si elle veut plaider en France comme demanderesse, elle doit fournir la caution *judicatum solvi*. Le droit commun veille à l'exécution de cette formalité.

Il y a des réglemens qui interdisent les maisons de jeu de hasard et les loteries clandestines; c'est l'administration qui fait ces réglemens; le droit commun se charge de les faire respecter, etc.

Ces exemples suffiront pour démontrer que le droit administratif et le droit commun se lient par de nombreuses et étroites corrélations, et qu'ils se garantissent comme ils se respectent mutuellement.

CHAPITRE PREMIER.

Attributions de l'Administration publique.

Le mot *administrer*, pris dans son acception la plus étendue, signifie faire exécuter toutes les lois en général ; le roi est chargé de pourvoir à toutes ces sortes de lois sans distinction. Il le fait en *administrant*.

Le roi fait des traités de paix, d'alliance et de commerce ; quand il déclare la guerre, il pourvoit à l'exécution des lois qui s'occupent de ces matières, c'est ce qu'on nomme *actes d'administration extérieure*.

Quand il pourvoit à l'exécution des lois qui concernent l'ordre public et la sûreté de l'état par des ordonnances et des réglemens, il fait des actes *d'administration intérieure*.

Quand il veille à l'exécution des lois qui règlent les intérêts de particulier à particulier, en constituant le pouvoir judiciaire, il *administre* encore : c'est ce qu'on nomme actes *d'administration intérieure et générale de l'état*.

Mais comme le roi est dans l'impossibilité de

remplir seul tant de fonctions diverses [1], il en délègue une grande partie à des agens dont il est le premier degré.

Ce sont d'abord les ministres [2] dont le nombre et le choix dépendent entièrement de sa volonté. Ils sont les premiers dans l'ordre de la hiérarchie des agens, tous les autres leur sont subordonnés, à l'exception des juges de l'ordre judiciaire, vu l'indépendance nécessaire dont ils doivent jouir et sans laquelle les jugemens ne seraient pas libres.

Le roi nomme des ambassadeurs, des consuls,

---

[1] Il est cependant certaines fonctions que le prince ne peut déléguer, ce sont les attributions essentielles de la souveraineté. Telles sont, par exemple, le droit de sanctionner les lois, de nommer à tous les emplois civils, de faire des ordonnances pour l'exécution des lois et la sûreté de l'état. (M. HENRION, *de l'Autorité judiciaire.*)

[2] Le ministre de la justice est chargé des sceaux de l'état; il scelle les traités, lettres-patentes, les commissions et diplômes; il scelle les lois, les porte à la sanction royale, les promulgue et les fait expédier; il veille à la bonne administration de la justice.

Le ministre de l'intérieur transmet les lois aux fonctionnaires administratifs; il fait exécuter celles relatives aux assemblées des communes électorales; il surveille l'exécution des mesures prises pour le maintien de la sûreté et de la tranquillité de l'intérieur du royaume; il surveille les mines, les ponts et chaussées, les travaux publics, la navigation, le flottage, le halage sur les rivières; il surveille la conservation des bâtimens et édifices publics, les hôpitaux, établissemens de charité, la répression de la mendicité et du vagabondage; il correspond avec tous les corps administratifs, les dirige et les éclaire sur l'exécution des lois; il soumet à l'examen

des généraux pour faire exécuter le droit des gens ;
des préfets, des sous-préfets, des maires, etc.,
pour faire exécuter les lois qui constituent l'ordre
public ; des juges inamovibles pour faire exécuter
les lois du droit privé, il se fait représenter près de

et à l'approbation du roi les délibérations des conseils de départetement.

Le ministre des finances a dans son département tout ce qui se
rapporte à la perception des contributions directes et indirectes : les
monnaies, les établissemens, les baux, régies et entreprises qui
rendent une somme quelconque au trésor ; la conservation des forêts
nationales et des propriétés publiques produisant un revenu pour
l'état.

Le ministre de la guerre est chargé de la direction, de la surveillance et de l'entretien de l'armée, du travail sur les promotions
militaires ; de l'artillerie, du génie, de l'entretien et de l'armement
des places fortes ; de la police militaire de la gendarmerie.

Le ministre de la marine et des colonies a l'administration des
ports, arsenaux et approvisionnemens maritimes ; la surveillance
des bagnes ; la direction des armemens, constructions, réparations
des bâtimens de mer ; la direction des forces navales et de leurs
opérations ; les récompenses dues à l'armée navale ; la correspondance avec les consuls et agens du commerce français ; la police des
bâtimens employés aux grandes pêches maritimes ; l'exécution des
lois sur les classes, les grades, l'avancement, la police et autres
objets concernant la marine et les colonies ; la surveillance des
comptoirs et établissemens français hors de l'Europe ; l'exécution des
lois sur le régime des colonies, approvisionnemens, contributions,
concessions de territoire, agriculture et commerce coloniaux.

Le ministre des affaires étrangères a la correspondance avec les
agens diplomatiques envoyés par le roi auprès des puissances étran-

ces juges par des magistrats connus sous le nom de ministère public, lesquels sont amovibles, et sont en outre chargés de pourvoir à l'exécution des jugemens.

D'après cela, il est facile de voir que le mot *ad-*

gères ; le maintien et l'exécution des traités ; la surveillance et la défense au dehors des intérêts politiques et commerciaux de la nation française.

Le ministre du commerce a dans ses attributions : la direction des rapports du gouvernement avec les organes des besoins et des intérêts du commerce et de l'industrie ; la police des bourses de commerce et la nomination des courtiers et agens de change, à l'exception de ceux de Paris dont la nomination appartient au ministre des finances ; l'examen des demandes d'établissement de sociétés anonymes et d'assurances mutuelles, et l'approbation de leurs statuts et réglemens ; les créations et suppressions de foires ; la vérification ou l'approbation des listes des négocians notables, concourant à l'élection des tribunaux de commerce ; l'administration du Conservatoire des arts et métiers et des écoles royales analogues ; la délivrance des brevets d'invention et l'exécution des lois y relatives ; la direction des mesures relatives à l'exposition périodique des produits de l'industrie ; la préparation des projets de lois et d'ordonnances relatifs au commerce, tant intérieur qu'extérieur.

Le ministre des affaires ecclésiastiques a dans ses attributions la présentation des sujets les plus dignes d'être promus aux archevêchés, évêchés et autres titres ecclésiastiques du royaume ; il règle les dépenses du clergé catholique et celles des édifices diocésains.

Le ministre de l'instruction publique dirige l'instruction publique dans tout le royaume ; il exerce les fonctions de grand-maître de l'université ; il est chargé des dépenses des colléges royaux et des bourses royales.

ministrer, pris dans un sens moins étendu, signifie les lois qui ont pour but de régler les rapports des citoyens avec l'état, et de l'état avec les citoyens.

Après ces données générales, occupons-nous des attributions de l'administration publique.

L'administration a deux fonctions principales à remplir; elle *agit* ou elle *statue*. Dans le premie cas, elle agit spontanément et sans être provoquée, elle intente des *actions*; dans le second, elle prononce, elle arbitre, elle rend des *décisions*.

Pour éviter toute confusion, nous diviserons ce chapitre en deux sections : dans la première, nous traiterons de *l'action administrative;* dans la seconde, nous traiterons des *décisions administratives.*

SECTION PREMIÈRE.

De l'action administrative.

Lorsque l'administration, sans avoir été provoquée par personne, marche de son propre mouvement et se porte directement à son but, alors elle agit et son action se manifeste de quatre manières différentes, elle parcourt quatre degrés successifs :

1° L'administration agit par des instructions ; c'est-à-dire qu'elle transmet les lois et qu'elle pourvoit à leur exécution, dans tout ce qui regarde l'ordre public, l'intérêt général et les divers établissemens publics.

Elle rassemble tous les renseignemens nécessaires pour parvenir à la meilleure circonscription des départemens, des arrondissemens, des cantons et des communes, et à cet égard, elle prépare les projets de lois.

C'est par ordre de l'administration que sont dressés les tableaux de l'état des routes, des ports de mer, des rivières navigables et des canaux publics ainsi que ceux de la situation des ouvrages d'art dont la dépense est à sa charge.

C'est elle qui confectionne les rôles d'assiette des contributions, qui règle tout ce qui concerne leur perception et les versemens à faire, qui surveille les agens qui en sont chargés.

2° L'administration agit par des soins purement matériels, en gérant les biens et en disposant des propriétés communes, en aliénant, échangeant, concédant et en exerçant les actions judiciaires. Ainsi, par exemple, elle soutient et intente les actions relatives au domaine de l'état; elle dirige les travaux publics; elle entretient les grandes routes et canaux navigables, et pour cela, elle a le droit d'enlever dans les terrains particuliers les pierres et le sable nécessaires; elle est appelée à déterminer quels chemins sont utiles à la communication des communes, elle en fixe la largeur et pourvoit à leur amélioration; elle est chargée des travaux de défense contre la mer et les torrens.

3° L'administration agit par une assistance immédiate; ici elle jouit d'une de ses plus belles prérogatives, laquelle est indéterminée dans son étendue. Dans ce troisième mode d'action, elle s'occupe des citoyens pris individuellement et des communautés. Au premier cas, elle encourage, récompense, secoure, protège. Au second cas, elle dirige, homologue, autorise et surveille. Ainsi l'administration est chargée du soulagement des pauvres et de la police des mendians et vagabonds; elle inspecte, améliore le régime des hôpitaux, établissemens de charité, prisons et maisons de correction; elle hâte l'instruction publique, elle encourage l'industrie; elle guide les communautés en dirigeant, surveillant et autorisant les actes relatifs à leurs intérêts.

4° Enfin, l'administration agit par une autorité positive et expresse qui commande au nom de l'utilité publique. Cette autorité a un caractère tantôt général, tantôt individuel, tantôt elle concerne les choses, tantôt elle concerne les personnes.

En ce qui concerne les choses, elle soumet la propriété à certaines servitudes, elle fait exproprier dans l'intérêt public : ainsi elle détermine les sacrifices à imposer aux propriétés particulières, lorsqu'il s'agit de l'intérêt général; elle prononce l'expropriation pour cause d'utilité publique lorsque cette utilité l'exige; en matière de voirie, elle veille à l'exécution des réglemens relatifs à la construction et à la solidité des bâtimens ; elle dirige les eaux, elle en assure le libre cours et prévient les inondations en empêchant la trop grande élévation des écluses et autres ouvrages établis sur les rivières.

En ce qui concerne les personnes, elle défend de rien exposer aux fenêtres qui puisse nuire par sa chute et interdit de jeter quelque chose qui puisse blesser ou endommager les passans ; elle pourvoit à l'enlèvement des décombres et des immondices qui peuvent nuire par leurs exhalaisons à la santé publique ; elle pourvoit à l'éclairage de la voie publique ; elle est chargée de dissiper les attroupemens et d'empêcher les rixes, bruits et tapages nocturnes ; elle maintient l'ordre et la paix dans les lieux de réunion publique tels que marchés, spectacles, cafés, cérémonies publiques, etc.; elle vérifie les poids et mesures ; surveille le débit des denrées et la salubrité des comestibles exposés en vente ; elle obvie aux événemens résultant de la divagation des furieux et des animaux malfaisans ou féroces.

SECTION DEUXIÈME.

Des décisions administratives.

Ici l'administration ne provoque plus, n'agit plus, elle *statue*, elle juge, elle rend des *décisions*, tantôt d'office, tantôt quand on réclame contre ses propres mesures parce qu'elle a froissé des intérêts individuels, elle prononce alors entre ces intérêts opposés. Elle statue encore quand elle est appelée à connaître de la violation de certains réglemens.

L'administration rend des décisions dans quatre circonstances différentes :

Dans la première circonstance, elle répartit les *charges* et les *jouissances* entre les divers obligés et ayant-droit. Ici, il n'y a point de litige ; elle prononce tout à fait d'office, et son jugement balance équitablement les droits respectifs des citoyens.

On entend par *charges* les contributions directes, le contingent de l'armée, le service de la garde nationale, certains travaux d'utilité publique ou de défense commune. Ce sont ces différentes charges que l'administration répartit avec égalité entre les particuliers.

On entend par *jouissances* 1° les biens publics indivisibles dont tous les citoyens usent en commun ; 2° d'autres biens publics non moins indivisibles, mais qui, tous les citoyens ne pouvant pas jouir en commun, sont attribués à quelques-uns, sauf indemnité, et passent conséquemment dans le domaine privé.

Les biens de la première espèce sont les ports, les havres, les rades, les rivages des fleuves.

Ceux de la deuxième espèce sont les lais et les relais de la mer, les portions abandonnées de la voie publique, les mines, les prises d'eau dans les rivières navigables ou flottables, etc. C'est par des concessions administratives que sont accordés ces droits divers. Dans cette première espèce de décisions, l'administration prononce entre les particuliers.

Dans la deuxième circonstance, l'administration apure et règle les comptes des deniers publics. Ici, il y a toujours une discussion contradictoire qui précède, sans que cependant on y voie le litige proprement dit ; ainsi l'administration examine les comptes des dépositaires des deniers publics ; elle les apprécie et les arrête définitivement, en suivant les formes légales. Dans cette seconde espèce de décisions, elle prononce entre un comptable et le trésor public.

Dans la troisième circonstance, l'administration prononce sur les réclamations et plaintes élevées contre ses propres actes. Ici, un litige, un caractère contentieux existe ; c'est un particulier qui se plaint du préjudice à lui causé par un acte de l'administration.

Dans le litige du contentieux administratif, la société se trouve toujours en cause : ce litige n'est autre chose que la lutte de l'intérêt privé contre l'intérêt général.

Les actes de l'administration qui peuvent donner naissance au contentieux administratif, sont : la répartition des charges ou des jouissances communes; les opérations administratives qui se rapportent aux marchés, fournitures, entreprises de travaux publics; les réquisitions exigées dans l'intérêt du service public; l'alignement des rues; la largeur des chemins; les desséchemens des marais, les usines publiques. — Cette troisième espèce de décisions intervient entre un particulier et le public.

Remarquons en passant que dans tous les actes où le pouvoir exerce une faculté gracieuse et libre, il ne peut point s'élever de contentieux administratif.—Ainsi, par exemple, ne peuvent point donner lieu au contentieux administratif : la distribution des graces et des faveurs, la nomination et la révocation des agens dont le choix appartient au pouvoir.

Dans la quatrième circonstance, l'administration est chargée de réprimer la violation des réglemens administratifs, et de statuer sur la réparation des dommages. On la voit ici poursuivre la réparation d'un préjudice porté à la chose publique; mais elle n'exerce ce droit que dans des cas spécialement déterminés et lorsque les dispositions expresses des lois le lui confèrent; ainsi, l'administration punit les contraventions aux réglemens, en matière de roulage, de grande voirie, de navigation, en cas d'empiétement sur la largeur des chemins vicinaux. L'effet des condamnations prononcées dans ces cas par l'administration se borne à des destructions, des indemnités, à des restitutions; les amendes ne sont considérées que comme des dommages-intérêts, et jamais les condamnations n'entraînent des peines personnelles. Cette quatrième espèce de décision prononce contre un particulier, par l'application d'une disposition pénale.

CHAPITRE II.

Des rapports de l'autorité administrative avec l'autorité judiciaire.

Dans ce chapitre, il s'agit : 1º de distinguer ces deux autorités ; 2º de montrer leur indépendance ; 3º de tracer leurs limites réciproques ; 4º de faire voir l'harmonie qui règne entre elles. — Ces différens points seront l'objet des quatre paragraphes suivans :

§ 1. *Distinction.* — Il est infiniment nécessaire de séparer l'autorité administrative de l'autorité judiciaire puisque c'est sur cette distinction que repose le système de nos institutions sociales. On la trouve établie dans le texte même des lois, parce qu'elle est nécessaire à la bonne administration de la justice, et qu'elles se corrompraient s'il y avait confusion entre elles.

Chacune de ces autorités a ses attributions particulières, ainsi : l'autorité judiciaire applique les lois à des cas prévus et statue sur des faits particuliers; l'autorité administrative prévoit l'avenir et statue sur les choses publiques. — L'autorité judiciaire prend pour base de ses jugemens les titres et les conventions des parties et prononce sur des droits positifs; l'autorité administrative n'a en vue que l'utilité générale et l'ordre public. — Il faut provoquer la première, la seconde agit d'elle-même; — celle-là déclare le droit, celle-ci le fait naître; — l'autorité judiciaire est déléguée, l'autorité administrative, au contraire, s'exerce directement par une hiérarchie de fonctionnaires; — les juges du pouvoir judiciaire sont inamovibles, tandis que les agens de l'administration sont révocables.

§ 2. *Indépendance.* — Les juges, les procureurs généraux ou du roi, et leurs substituts, les officiers de police ne peuvent faire aucun réglement sans se rendre coupables de forfaiture et par conséquent encourir la dégradation civique. — Les agens de l'administration qui se seront immiscés dans l'exercice des fonctions judiciaires, en connaissant des droits et intérêts privés qui sont du ressort des tribunaux, et qui, nonobstant la réclamation des parties, auront décidé l'affaire avant que l'autorité supérieure ait prononcé, seront punis d'une amende de 16 francs à 50 francs.

Les réclamations d'incompétence à l'égard de l'autorité administrative sont portées au roi, chef de l'administration, et non aux tribunaux.

Les administrateurs ne peuvent point être cités devant les tribunaux à l'occasion de leurs fonctions.

L'exercice des fonctions judiciaires est en général

incompatible avec l'exercice des fonctions administratives.

L'autorité administrative ne peut entreprendre
sur les fonctions judiciaires et réciproquement.

§ 3. *Limites.* — L'autorité judiciaire ne peut ré-
partir les charges et les jouissances communes,
nommer ou révoquer les agens de l'administration,
déterminer les circonscriptions administratives,
s'immiscer dans le régime intérieur des établissemens publics, etc.

Elle ne peut apprécier le mérite ni mettre obs-
tacle à une opération administrative, elle ne peut
faire elle-même des réglemens d'ordre public, elle
ne peut ni réformer ni modifier les réglemens de
l'administration publique.

De son côté, l'autorité administrative ne peut,
relativement aux choses, s'immiscer dans les questions de propriété, de servitudes, de bornage, etc.;
relativement aux personnes, dans les questions
d'état ou de domicile.

Elle ne peut apprécier les titres de succession,
prescription, conventions, et en général tous les
titres privés.

Elle ne peut infirmer les arrêts des cours et tribunaux, ni enlever à sa juridiction un agent de
l'administration pour des faits relatifs à ses fonctions, etc.

§ 4. *Harmonie.* — Malgré l'indépendance de ces
deux autorités, bien constatée dans le paragraphe

premier, il existe cependant entre elles une étroite alliance ; en effet, toutes deux tendent vers un but commun ; l'exécution des lois.

L'autorité judiciaire et l'autorité administrative imitent quelquefois les formes l'une de l'autre : ainsi nous voyons dans le pouvoir judiciaire les présidens des assises revêtus du pouvoir discrétionnaire qui n'appartient qu'à l'administration publique. Nous voyons aussi l'administration emprunter les règles de la procédure civile, lorsqu'elle est appelée à prononcer sur un litige contentieux.

Nous voyons encore ces deux autorités employer quelquefois les mêmes instrumens : ainsi les maires et leurs adjoints appartiennent à la fois à l'ordre administratif et à l'ordre judiciaire.

Après avoir donné une idée aussi complète que le comporte le plan que nous avons adopté, des attributions générales de l'administration, passons aux fonctions particulières des principaux fonctionnaires de l'administration.

CHAPITRE III.

De l'autorité royale.

En pénétrant dans l'organisation intérieure de l'administration française, il est facile de voir qu'elle est établie sous deux formes différentes : tantôt en effet elle est confiée à un seul fonctionnaire, tantôt à des personnes collectives. A la première forme est appliquée, en général, l'exercice de l'action administrative ; à la seconde est réservée la décision [1]. Occupons nous d'abord des administrateurs qui agissent seuls.

Au premier degré se présente le roi. *Le roi est le chef suprême de l'état, il commande les forces de terre et de mer, déclare la guerre, fait les traités de paix, d'alliance et de commerce, nomme à tous les emplois d'administration publique, et fait les réglemens et ordonnances nécessaires pour l'exécution des lois ; il peut proposer les lois, lui seul les sanctionne et les promulgue ; toute justice émane de lui.* (Chart. const. art. 13, 15, 18, 48.)

---

[1] Cette dernière proposition est fondée sur ce principe : *Juger est le fait de plusieurs ; agir est le fait d'un seul.*

De là quatre points de vue différens sous lesquels se produit l'autorité royale : 1° le roi peut proposer la loi, il la sanctionne, il la promulgue ; 2° il commande les forces de terre et de mer, déclare la guerre, fait les traités de paix, d'alliance et de commerce ; 3° investi de la puissance exécutive, toute justice émane de lui, et s'administre en son nom par des juges qu'il institue ; 4° enfin, il nomme aux emplois d'administration publique, et fait les réglemens et ordonnances nécessaires à l'exécution des lois.

Nous n'avons point à le considérer comme participant au pouvoir législatif ni comme commandant les forces de terre et de mer, mais seulement comme chef de l'administration publique, c'est donc essentiellement sous les deux derniers points de vue que le droit administratif considère l'autorité royale qui s'exerce, en matière administrative ou sur le rapport d'un ministre, ou en conseil d'état.

Sur le rapport d'un ministre : 1° lorsqu'elle exerce une autorité gracieuse qui n'a qu'une application individuelle, par exemple, en nommant, instituant et révoquant les fonctionnaires administratifs, en distribuant des récompenses et des honneurs ; 2° lorsque prenant des mesures dans le service intérieur des différens ministères, elle prescrit les dispositions relatives à la marche de ce service pour ce qui touche à l'administration active.

L'autorité royale s'exerce en conseil d'état lorsqu'elle a en vue un objet qui se réfère directement aux intérêts publics. Sa volonté se manifeste encore de deux manières : ou par des réglemens d'administration publique, ou par des actes qui ont la forme de réglemens.

Nous allons donner dans un 1er § des exemples des réglemens d'administration publique ; dans un second, nous donnerons des exemples des actes qui n'en ont que la forme.

§ 1er *Des réglemens d'administration publique.* — Ils se caractérisent par trois conditions essentielles ; 1° ils embrassent une généralité ; 2° ils prévoient l'avenir ; 3° ils commandent et obligent.

Au roi appartient le droit de faire les ordonnances qui ont rapport à l'administration générale du royaume.

Il se conforme aux lois pour faire les réglemens concernant l'ordre judiciaire, la création ou suppression des chambres des cours royales, la formation des sections temporaires dans les tribunaux, la détermination du nombre des tribunaux de commerce et des villes qui sont susceptibles d'en recevoir, le nombre des juges et des suppléans pour chacun des tribunaux, la formation du tableau des avocats et la discipline du barreau.

C'est conformément aux lois relatives au culte catholique qu'il pourvoit par des réglemens semblables à l'établissement des séminaires et des congrégations religieuses.

En se conformant aux lois relatives à l'enseignement, il fait les réglemens concernant les facultés :
par exemple, les écoles de droit, les matières de
l'enseignement, les inscriptions, etc. ; il fait les
réglemens pour l'établissement des écoles de méde-
cine : ainsi il règle les conditions d'admission des
étudians, le nombre, l'époque et la durée des examens ; le traitement des professeurs, etc. ; il or-
ganise de la même manière les écoles de phar-
macie, leur administration, l'enseignement qui y
est donné.

Il pourvoit toujours de la même manière au
recouvrement de l'impôt indirect, à la manière de
le percevoir et à la répression des fraudes et contraventions. Il indique les mesures nécessaires à
l'exécution des lois sur les boissons.

Il désigne par des réglemens semblables les produits des manufactures françaises qui s'exportent à
l'étranger, etc.

§ 2ᵉ *Actes qui n'ont que la forme des réglemens
d'administration publique.* — Par ces actes, le Roi
touche le plus souvent à un objet spécial, mais
comme cet objet intéresse l'ordre public, il exige
les formes des réglemens ; ces formes consistent :
1° dans une instruction régulière ; 2° dans la délibération du conseil d'état ; 3° dans l'insertion au bulletin des lois.

Ces actes sont les ordonnances royales concernant : la naturalisation des étrangers qui ont rendu

des services à l'état ou qui y ont formé de grands établissemens, l'autorisation de changer son nom de famille ou d'y en ajouter un autre, l'organisation de la Légion d'Honneur, les brefs et bulles, l'établissement des synagogues, le nombre des succursales, l'établissement des chapelles et oratoires particuliers, le tarif des droits de navigation, les taxes de départ et d'arrivée des lettres, l'établissement des ponts par des entreprises particulières, la durée de la jouissance des constructeurs et le tarif de la taxe à percevoir; la régularité des rues dans les villes; les déclarations d'utilité publique à l'effet de motiver une expropriation; les concessions spéciales des mines et de desséchement de marais.

Le gouvernement suit la même forme quand il s'agit de l'approbation à donner aux actes des sociétés anonymes; d'approuver les statuts de la banque de France, de la prohibition d'emporter ou d'exporter les marchandises.

C'est par ces mêmes actes qu'il autorise les tontines, les sociétés d'assurance contre l'incendie, la grêle et autre cas de force majeure; qu'il fixe le droit de commission et de courtage des agens de change et courtiers; qu'il homologue les statuts et réglemens relatifs à la discipline intérieure du commerce de la boucherie de Paris; qu'il permet l'établissement des ateliers insalubres.

Nous terminerons ce chapitre par l'indication

des modes de recours auprès de l'autorité royale.

Comme juge suprême en matière administrative, le roi admet le recours des parties contre les actes des différens administrateurs et même contre ses propres ordonnances. Il y a, contre les ordonnances royales, quatre différens modes de recours dans les quatre circonstances suivantes :

1° Lorsque la matière de l'ordonnance n'est pas contentieuse de sa nature et que la partie se croit lésée dans ses droits ou sa propriété, par l'effet d'une décision du conseil d'état.—Dans ce cas, ladite partie peut présenter au Roi une requête tendant à ce que l'affaire soit renvoyée soit à un comité du conseil d'état, soit à une commission.

2° Lorsque la matière est devenue contentieuse par l'ordonnance rendue, en faisant naître un litige administratif.—Dans ce cas, il y a recours au conseil d'état par la voie contentieuse, de la part de ceux à qui ladite ordonnance fait grief.

3° Lorsque la matière étant déjà contentieuse avant l'ordonnance, elle a été rendue par défaut, mais dans la forme non contentieuse. — Dans ce cas, l'ordonnance est susceptible d'opposition.

4° Lorsqu'une ordonnance est intervenue contradictoirement en matière contentieuse. — Ici la requête peut être admise dans deux cas; d'abord si la décision a été rendue sur pièces fausses; ensuite, si la partie a été condamnée faute de représenter une pièce décisive qui était retenue par son adversaire.

CHAPITRE IV.

Des Préfets.

Le préfet est l'agent chargé de l'administration locale d'un département de la France; il est le premier des agens médiats du pouvoir administratif. Son autorité est circonscrite dans le département qui lui est confié, et il est seul chargé de son administration.

Ses fonctions consistent à faire exécuter les lois, les réglemens d'administration publique et les ordonnances du Roi. Il manifeste son autorité par des actes que l'on nomme *arrêtés* : ces arrêtés ordonnent l'exécution, ils obligent les citoyens.

Les préfets sont des administrateurs subordonnés, chargés de la seule exécution. Il leur est interdit de faire eux-mêmes les réglemens d'administration publique qui ne peuvent pas émaner de l'autorité secondaire et locale : ainsi ils ne peuvent pas modifier l'exécution des ordonnances du Roi; ils ne peuvent pas restreindre ou étendre les réglemens d'administration publique; ils ne peuvent pas changer le mode de jouissance des biens communaux ; ils ne peuvent ni défendre ni permettre définitivement l'établissement des usines, etc.

Nous avons dit que l'autorité des préfets était circonscrite dans le département qui leur était confié. De là, il suit qu'il leur est défendu de réformer les arrêtés des préfets des autres départemens ; sauf à en référer aux ministres s'ils pensent que l'intérêt de l'état est compromis.

Les préfets n'ayant point de juridiction civile, il s'en suit qu'ils n'ont point le droit de réformer les jugemens des tribunaux, même ceux de juges de paix.

Les préfets n'ayant pas de haute juridiction administrative, ils ne peuvent rapporter les arrêtés des conseils de préfecture rendus en matière contentieuse, ni entraver leur exécution ; ils ne peuvent ni modifier l'application des arrêts du conseil d'état, ni autoriser les communes à plaider, etc.

Voici maintenant qu'elles sont, en général, les attributions du préfet : il pourvoit à la publication, l'enregistrement et l'application des lois dans le département qui lui est confié. Il veille par ses propres actes aux objets du service public local ; ainsi, il est chargé du soulagement des pauvres et de la police des mendians et vagabons ; il est préposé à l'inspection du régime des hôpitaux, maisons de charité et prisons ; il surveille l'éducation publique et l'enseignement, l'emploi des fonds destinés à l'encouragement de l'agriculture et de l'industrie ;

il veille à la conservation des propriétés publiques, des forêts, rivières, etc., à la direction des travaux pour la confection des routes et canaux, au maintien de la salubrité, de la sûreté et de la tranquillité publique, au service et à l'emploi de la garde nationale.

Le préfet prononce ou seul ou en conseil de préfecture.

Il prononce seul sur toutes les matières de pure administration ; mais s'il survient des débats à l'occasion de ses arrêtés, ou s'il s'engendre une opposition de droits ou d'intérêts, alors la matière devient contentieuse et rentre dans l'attribution des conseils de préfecture.

Lorsque le préfet n'a point excédé les bornes de sa compétence, mais que ses arrêtés froissent des intérêts ou des convenances, ils doivent être déférés au ministre que la matière concerne. On ne peut recourir au conseil d'état que lorsque le préfet a excédé sa compétence ou lorsque ses actes ont élevé un conflit.

Lorsque dans les cas d'exception énumérés par la loi, le préfet a statué sur des matières contentieuses, la loi elle-même détermine l'autorité à laquelle on doit recourir ; ainsi, par exemple, en matière de décompte et de déchéance, les parties recourent au ministre des finances ; en matière d'élection, le conseil d'état est saisi par la voie du comité du contentieux.

Examinons, en terminant, les attributions exceptionnelles du préfet de la Seine et du préfet de police de Paris.

L'administration du département de la résidence royale et de la capitale a nécessité des institutions administratives particulières. L'administration est divisée entre deux préfets.

Le préfet de la Seine retient toutes les attributions qui ne sont pas du domaine exclusif du préfet de police.

Ce dernier, nommé par le Roi comme tous les préfets, est chargé de tout ce qui concerne la police à Paris ; son autorité s'étend sur tout le département et dans les communes de Saint-Cloud, Meudon et Sèvres (Seine-et-Oise).

Ses fonctions principales sont de délivrer les passe-ports à l'intérieur et à l'étranger, les cartes de sûreté, les permis de séjour et de port d'armes ; c'est lui qui fait exécuter les lois concernant la mendicité, et le vagabondage, les hôtels garnis, les maisons de jeu et de débauche ; il a la surveillance des lieux où on se réunit pour l'exercice des cultes ; il a la police des spectacles et des maisons de détention ; il dissipe les attroupemens, surveille la vente des poudres et salpêtres et fait rechercher les déserteurs. Il est chargé d'assurer la salubrité de la ville ; de prévenir ou arrêter les incendies ainsi que les débordemens de la rivière ; il exerce sous l'autorité du ministre de l'intérieur, une surveillance sur le corps de sapeurs-pompiers; il a la police de la bourse; il procure la sûreté du commerce ; il veille à la tenue des registres mercuriales , fait saisir les marchandises prohibées; il surveille les foires et marchés et assure la libre circulation des subsistances ; il veille à la conservation des édifices publics; il a sous ses ordres les officiers et agens de police, la garde municipale est à sa disposition ; il préside le conseil de préfecture de la Seine lorsque ce conseil est appelé à prononcer sur le contentieux administratif, relatif à ses fonctions.

CHAPITRE V.

Des Sous-Préfets

Le sous-préfet est un intermédiaire légal entre les maires de son arrondissement et le préfet du département qu'il est appelé à seconder. Il y a un sous-préfet dans chaque arrondissement communal, à l'exception de celui du chef-lieu du département. Il est nommé par le roi. En cas d'absence ou de maladie, le préfet pourvoit à son remplacement provisoire.

Les attributions du sous-préfet se définissent par celles du préfet lui-même dont il est l'auxiliaire.

Le sous-préfet n'étant qu'un organe d'information et de surveillance, il n'a une autorité propre que dans un petit nombre de circonstances telles, par exemple, que les suivantes :

Il arrête les budgets des communes dont les revenus ne s'élèvent pas à 100 fr.;

Il autorise les acceptations des donations et legs faits aux hospices et aux pauvres lorsque leur valeur n'excède pas 300 fr. de capital;

Il fait procéder aux enquêtes de *commodo et in-commodo* [1] qui doivent précéder les ordonnances du roi, autorisant les baux à longues années des biens ruraux des hospices, établissemens d'instruction publique et communautés d'habitans ;

Il procède avec l'assistance des maires à l'examen des tableaux de recensement des jeunes soldats atteints par la loi du recrutement ;

Il ordonne la destruction des tabacs plantés en contravention à la loi ;

Il statue sur les contraventions aux règles qui déterminent la largeur des roues des voitures de roulage.

Le sous-préfet, comme auxiliaire du préfet, remplit dans son arrondissement les mêmes fonctions que le préfet dans son département ; mais il les exerce sous la direction et l'autorité de ce dernier : il lui rend compte une fois par mois, de l'exécution des diverses parties du service confiées à ses soins.

Comme nous l'avons dit dans la définition, le sous-préfet est l'intermédiaire entre le préfet et les

---

[1] On entend par enquêtes de *commodo et incommodo*, celles qui ont pour objet d'éclairer l'administration sur les *avantages* et les *désavantages* des projets qui sont soumis à son approbation. Leur but est de recueillir l'opinion des tiers intéressés lorsqu'il s'agit d'aliénations, d'échange, ou autres actes d'utilité générale proposés par les communes.

Ces enquêtes sont faites ordinairement par le juge de paix qui reçoit les opinions des intéressés à la charge qu'ils les signeront.

3

maires de son arrondissement; ainsi, comme tel, il reçoit du préfet et il adresse à chaque maire le mandement contenant la fixation du contingent de la commune pour la contribution foncière, en un mot, il exécute toutes les mesures prises par le préfet; il reçoit et transmet au préfet, avec son avis, la pétition de tout citoyen imposé dans une commune pour un bien situé dans une autre commune; enfin il adresse au préfet toutes les demandes des municipalités.

CHAPITRE VI.

Des Maires et de leurs Adjoints.

Le maire est un agent chargé de l'administration d'une commune. Il appartient à la fois à l'ordre administratif et à l'ordre judiciaire ; dans ce dernier cas, il est officier de l'état civil ; officier de police judiciaire (Inst. Crim., art. 9) ; et juge de police. (*Ibid.*, art. 166.)

Nous ne devons nous occuper que des fonctions administratives du maire, qui, considéré sous ce point de vue, est revêtu d'un double caractère : d'abord, il est délégué pour l'exécution des lois et réglemens émanés de l'autorité supérieure ; ensuite il est le représentant et l'organe de la commune.

Nous diviserons ce chapitre en quatre sections :

La première traitera du maire considéré comme délégué pour l'exécution des lois et réglemens ; dans la seconde, nous le verrons représentant et organe de la commune ; nous parlerons des adjoints dans la troisième ; et enfin nous dirons quelques mots des maires et adjoints de Paris, dans la quatrième.

SECTION PREMIÈRE.

Du Maire considéré comme délégué pour l'exécution des lois et réglemens.

Comme délégué pour l'exécution des ordres du pouvoir, le maire remplit quatre fonctions principales :

1° Il contrôle, il certifie, il vise : sa signature sur certains actes, sa présence à certaines assemblées leur donne un caractère d'authenticité et de garantie. — Par exemple, le maire vise les affiches annonçant la vente des immeubles des mineurs; il vise l'original de la citation devant le juge de paix, lorsque la partie n'est point trouvée à son domicile ; dans les lieux où il n'y a point de tribunal de commerce, il signe le procès-verbal de la cession de biens faite par le failli, et à défaut de l'un des juges du tribunal de commerce, il cote et paraphe les livres des commerçans qui ont besoin de cette formalité ; il délivre des certificats de vie et d'indigence ; c'est devant lui que les cantonniers, gendarmes et autres agens affirment les procès-verbaux de contraventions en matière de grande voirie ; il assiste aux procès-verbaux de bornage dressés par les ingénieurs pour séparer des terrains privés le terrain public nécessaire à la défense des places de guerre ; en matière de cadastre, c'est en sa présence que doivent être fixées les limites de la commune qu'il administre et des communes voisines.

2° Organe d'exécution, le maire procure l'application immédiate et individuelle des lois et réglemens d'administration générale; il est appelé à en surveiller l'exécution. Ainsi, il reçoit le *Bulletin des Lois* et le fait publier; il reçoit du sous-préfet le mandement contenant la fixation du contingent de sa commune dans la contribution foncière, ainsi que le mandement relatif à la contribution personnelle et mobilière : il doit publier ces mandemens sous peine de destitution; il dresse la matrice du rôle pour la contribution des portes et fenêtres; il arrête le tableau des citoyens assujétis à la patente, dressé par le contrôleur des contributions directes, et y joint ses observations; il surveille le recouvrement des contributions directes, se fait représenter les rôles par le percepteur; s'il y trouve des infractions à la loi, il les constate, en fait son rapport au sous-préfet, et il peut même provoquer la vérification des rôles et de la caisse. En matière de garde nationale, le maire dresse les listes de recensement, il préside les conseils de recencement; dans le courant de chaque année, il note en marge du registre matricule les mutations provenant de décès, de changemens de résidence, etc.; dans chaque commune, il fait reconnaître le commandant à la garde nationale assemblée sous les armes.

3° Il est non-seulement administrateur public, il est encore administrateur spécial, ayant mission de maintenir l'ordre public dans sa commune : en cette qualité il prescrit les mesures qui appartiennent à la police municipale. Ainsi, par exemple, il surveille le bon état des routes de sa commune et rend compte de son inspection au sous-préfet; c'est en sa présence que les ingénieurs des ponts et chaussées font la visite des bacs et bateaux. Il surveille l'administration des hospices civils ; il vérific l'emploi des poids et mesures ; il a la surveillance des prisons, il doit s'assurer que la nourriture des prisonniers y est suffisante et saine; il doit faire jouir les habitans d'une bonne police. — Les objets de police confiés à la vigilance et à l'autorité des maires, sont : tout ce qui intéresse la sûreté, la commodité, le nettoiement et l'illumination des rues ; la répression des délits contre la tranquillité publique; le maintien du bon ordre dans les marchés, églises, spectacles et autres lieux publics, etc.

4° Il prononce en certaines matières sur les difficultés qui lui sont soumises. — Ici il exerce une juridiction. Voici dans quelles circonstances : en cas de contestation entre les employés de la régie et les débitans de boissons, relativement à l'exactitude de la déclaration des prix de vente (déclaration qui sert de base à la perception du droit), il en sera référé au maire de la commune, lequel *prononcera* sur le différent ; mais sauf le recours au préfet en conseil de préfecture. En second lieu, en matière de grande voirie, il a une juridiction restreinte à ce qui concerne le poids des voitures qui circulent sur les grandes routes, et il a la police du roulage ; ainsi, les contestations sur le poids des voitures, sur l'amende et sa quotité sont portées devant le maire de la commune et par lui *jugées* sans frais et sans formalités : ses décisions sont exécutées provisoirement sauf le recours au conseil de préfecture ; enfin, il *juge* sommairement et sans frais les difficultés qui naissent entre les concurrens pour les primes, ou prix de courses de chevaux : sa décision ici est provisoire ; la décision définitive appartient au préfet.

SECTION DEUXIÈME.

Du Maire comme représentant et organe de la commune.

Le maire en cette qualité est chargé de régir les biens et revenus de la commune ; de régler et d'acquitter ses dépenses ; de diriger et faire exécuter les travaux publics qui sont à sa charge ; il exerce les actions de la commune qui est assignée en sa personne ou en son domicile ; il réclame dans l'intérêt de la commune, en réduction ou remise de la contribution foncière, tant pour les biens communaux que pour la commune entière ; il pourvoit aux besoins des hôpitaux et établissemens de charité ; il exerce une sorte de patronage officieux, en donnant son consentement à la tutelle officieuse de l'enfant qui n'a pas de parens connus et qui réside dans sa commune ; en tirant au sort pour les jeunes gens absens et en faisant valoir leurs réclamations ; en faisant faire la récolte pour les habitans absens ou infirmes. Il préside l'administration des hospices, des bureaux de charité, des monts de piété, etc.

SECTION TROISIÈME.

Des Adjoints.

L'adjoint exerce, comme le maire, des fonctions administratives et des fonctions judiciaires. Dans l'un et dans l'autre cas, tantôt il remplace le maire, tantôt il agit avec lui.

Dans l'ordre judiciaire, il remplit auprès du maire, dans le tribunal de police, les fonctions du ministère public. A défaut du maire, il remplit les fonctions d'officier de l'état civil.

Dans l'ordre administratif, il y a certaines fonctions qu'il exerce à défaut du maire, et certaines autres qu'il exerce concurremment avec lui.—*A défaut du maire*, l'adjoint le remplace dans la présidence du conseil municipal ; le maire a la faculté de lui déléguer une partie de ses fonctions.—*Concurremment avec le maire*, il procède, dans la commission des répartiteurs, à la répartition de la contribution foncière ; il dresse les matrices des rôles pour la contribution des portes et fenêtres.

SECTION QUATRIÈME.

Des Maires et Adjoints de Paris.

A Paris, dans chacun des douze arrondissemens municipaux, un maire et deux adjoints sont chargés des fonctions relatives à l'état civil et de la surveillance des hospices, des bureaux de charité, etc. Ce sont les préfets du département et de police qui remplissent les fonctions attribuées aux maires dans les autres villes.

OBSERVATIONS.

Les fonctions des maires et des adjoints son essentiellement gratuites et ne peuvent donner lieu à aucune indemnité, ni frais de représentation.

Il y a un seul adjoint dans les communes de 2,500 habitans et au-dessous; deux dans celles de 2,500 à 10,000; et dans les communes d'une population supérieure, un adjoint de plus par chaque excédant de 20,000 habitans.

Les maires et les adjoints sont nommés par le roi, ou en son nom par le préfet.

Dans les communes qui ont 3,000 habitans et au-dessus, ils sont nommés par le roi, ainsi que dans les chefs-lieux d'arrondissement, quelle que soit la population.

Les maires et les adjoitns sont choisis parmi les

membres du conseil municipal, et ne cessent pas pour cela d'en faire partie.

Ils peuvent être suspendus par un arrêté du préfet, mais ils ne sont révocables que par une ordonnance du roi.

Les maires et les adjoints sont nommés pour trois ans, ils doivent être âgés de 25 ans accomplis.

Ils doivent avoir leur domicile réel dans la commune.

En cas d'absence ou d'empêchement du maire et des adjoints, le maire est remplacé par le conseiller municipal, le premier dans l'ordre du tableau, lequel sera dressé suivant le nombre des suffrages obtenus.

CHAPITRE VII.

Des Commissaires de police.

Comme les maires et leurs adjoints, les commissaires de police sont chargés par la loi de différentes fonctions, soit dans l'ordre judiciaire, soit dans l'ordre administratif.

Dans l'ordre judiciaire, ils sont chargés de la recherche et de la poursuite des crimes, délits et contraventions, d'en rassembler les preuves, d'en dresser procès-verbal et d'en livrer les auteurs aux tribunaux chargés de les punir.

Dans l'ordre administratif, ils sont placés sous l'autorité des maires, et comme eux, ils constatent les contraventions qui doivent être réprimées par la voie administrative.

Sous ce dernier point de vue, ils paraphent les registres qui doivent être tenus par les aubergistes et logeurs, et ils se les font représenter tous les quinze jours et plus souvent s'ils le jugent nécessaire.

Ils veillent à ce que nul individu non domicilié dans le canton ne puisse s'y introduire sans passeport et ils font arrêter ceux qui n'en sont pas munis.

Ils ne permettent d'employer dans la commune que les nouveaux poids et mesures, ils assistent les vérificateurs dans leurs tournées pour les visites, et ils obtempèrent à leurs réquisitions pour la rédaction des procès-verbaux de contravention.

Ils constatent par des procès-verbaux les contraventions en matière de grande voirie.

Les commissaires de police sont nommés par le roi; il y en a un dans les villes de 5,000 à 10,000 habitans; au-dessus, il y a un commissaire de plus par 10,000 habitans d'excédant.

Le commissaire de police exerce ses fonctions dans tout le territoire de la commune; s'il y en a plusieurs, ils ont chacun un arrondissement particulier; ces arrondissemens ne limitent pas leurs pouvoirs respectifs, ils indiquent seulement les termes dans lesquels ils exercent plus spécialement leurs fonctions.

En cas d'empêchement d'un commissaire, il est suppléé par celui de l'arrondissement le plus voisin.

Le commissaire ne peut entrer dans le domicile des citoyens que pour les objets formellement prévus par la loi et aux cas spécifiés par elle, par exemple, pour vérifier les registres des logeurs; dans le cas où des cris invoqueraient secours dans l'intérieur de la maison, ou en vertu d'ordonnances, contraintes ou jugemens.

A **Paris**, les commissaires de police sont sous les ordres du préfet de police; ils exercent la police judiciaire pour tous les délits dont la peine n'excède pas trois jours de prison et une amende de trois journées de travail.

Ils remplissent les fonctions du ministère public près les tribunaux de simple police devant lequel ils poursuivent les prévenus.

Ils peuvent faire saisir et traduire devant les tribunaux les prévenus en matière de police correctionnelle ; faire saisir et remettre aux officiers chargés de la police criminelle, les prévenus en matière criminelle.

CHAPITRE VIII.

Des Conseils de Préfecture.

On entend par conseils de préfecture, des assemblées de membres établies dans chaque département auprès du préfet, pour décider en première instance les questions qui appartiennent au contentieux administratif [1]. Ces conseils ont été institués pour former dans l'intérêt de la propriété privée et de l'ordre public des tribunaux administra-

---

[1] Qu'entend-t-on par *contentieux administratif ?* Toutes les fois que la loi donne le droit d'appliquer les lois aux cas particuliers, par des décisions dont elle règle la forme et qu'elle prend l'engagement de faire exécuter, elle confère une juridiction : or, l'administration est investie du droit d'appliquer, aux cas particuliers, les lois générales qui intéressent l'ordre public et la sûreté de l'état. Donc, il y a une juridiction administrative.

Cette juridiction (droit de connaître et de juger), est ou *gracieuse* ou *contentieuse.*

Elle est *gracieuse*, toutes les fois que le juge administratif prononce sur la demande d'une seule personne, ou sur celle de plusieurs, d'accord entre elles et sans contradicteur : ainsi, un maire, un préfet, accordent à un particulier l'alignement qu'il demande avant de construire sa maison sur la voie publique. Ils exercent une

tifs, composés de juges habitués au ministère de la justice, à ses règles et ses formes; pour ménager aux préfets le temps que demande l'administration, pour garantir aux parties qu'elle ne seront pas jugées sur des rapports de bureaux ; pour donner à l'intérêt particulier et à l'intérêt public la sûreté qu'on ne peut guère attendre d'un jugement rendu par un seul homme : car cet administrateur peut se trouver prévenu et passionné quand il s'agit de l'intérêt d'un particulier, et être sollicité, par ses affections et ses haines personnelles, à trahir l'intérêt public et à blesser les droits des particuliers.

Les conseils de préfecture sont composés de trois, quatre et cinq membres, selon l'importance des départemens ; le préfet les préside et sa voix est prépondérante en cas de partage.

Les matières contentieuses sur lesquelles les con-

juridiction gracieuse. — Un préfet accorde à un particulier la permission d'exploiter le minerai découvert dans sa propriété, il exerce encore une juridiction gracieuse.

La juridiction est contentieuse, toutes les fois que les actes de l'administration sont attaqués par des tiers intéressés : ainsi, un préfet a fait dresser et a rendu exécutoire un rôle contenant la répartition des sommes nécessaires au paiement de la reconstruction d'une digue protectrice dans une rivière non navigable, il a fait un acte de juridiction gracieuse ; mais le recouvrement de ce rôle excite des plaintes de la part d'un individu imposé, alors un intérêt privé intervient et réclame contre l'acte de répartition. Ici la juridiction n'est plus gracieuse, elle est *contentieuse*. — L'individu intervenant est un adversaire.

seils de préfectures sont appelés à prononcer peuvent être rangées en cinq classes principales.

La première comprend les contestations auxquelles donnent lieu l'assiette et le recouvrement des
contributions directes et les diverses autres redevances locales.—Ainsi, le conseil de préfecture prononce sur les demandes de particuliers tendantes à
obtenir la décharge ou la réduction de leur cote de
contributions directes ; il prononce sur les réclamations des percepteurs comme sur celles des contribuables ; ce sont ces mêmes conseils qui décident
sur simples mémoires et sans frais, les différens
qui peuvent s'élever sur le paiement de la contribution des portes et fenêtres ; ils prononcent sur
les réclamations des particuliers pour obtenir la
décharge ou la modération de leurs contributions
personnelles ; ils connaissent des contestations relatives à l'octroi de la navigation ; ils prononcent
sur les contestations relatives au recouvrement des
rôles de répartition, dressés pour les travaux des
routes , de curage et de salubrité. Les conseils de
préfecture statuent sur les réclamations des conces-
sionnaires de mines , afin de dégrèvement ou de
rappel à l'égalité proportionnelle, relativement aux
redevances qu'il doivent acquitter envers l'état ;
sur les oppositions aux rôles et contraintes pour le
recouvrement des mois de nourrice des enfans de
la ville et banlieue de Paris.

La seconde classe comprend les difficultés qui

s'élèvent à l'occasion des travaux publics, des indemnités auxquelles ces travaux donnent lieu, et
des marchés et entreprises de fournitures pour les
divers services publics : ainsi, le conseil de préfecture prononce, sur les difficultés qui peuvent s'é-
lever entre les entrepreneurs de travaux publics et
l'administration, concernant le sens ou l'exécution
des clauses de leurs marchés ; sur les réclamations
des particuliers qui se plaignent de torts et dommages procédant du fait personnel des entrepreneurs et non du fait de l'administration ; sur les
demandes concernant les indemnités dues aux particuliers, à raison des terrains pris ou fouillés pour
la confection des chemins, canaux et autres ouvrages publics ; il prononce sur les difficultés qui
s'élèvent relativement au sens et à l'exécution des
marchés passés par les préfets pour les divers services publics ; il règle les indemnités dues aux propriétaires riverains des grandes routes pour les
occupations de terrain, hors les cas d'expropriation.

La troisième classe de matières contentieuses sur
lesquelles le conseil de préfecture est appelé à prononcer a pour objet les contestations relatives aux
concessions du domaine public, aux ventes de domaines nationaux, aux transferts de rentes et aux
adjudications des bois de l'état : ainsi, le conseil de
préfecture prononce sur le contentieux des domaines nationaux ; sur les contestations entre les com-

munes et les établissemens publics , relativement
aux concessions d'édifices ou de rentes qui leur ont
été faites par l'état ; il connaît de toutes les contestations relatives à la validité des surenchères dans
les adjudications des coupes de bois de l'état ; il
prononce sur les contestations qui s'élèvent lorsque
les communautés d'habitans se refusant au rachat
du droit de pâturage dans les forêts de l'état, sous
prétexte que ce pâturage leur est d'une absolue
nécessité, l'administration conteste cette nécessité :
dans ce cas, il doit être préalablement procédé à
une enquête de *commodo et incommodo* ; sur les contestations entre le conseil municipal ou les administrateurs des établissemens publics et l'administration forestière, relativement à la conservation
en bois et à l'aménagement proposé par cette administration pour des terrains en pâturage appartenant à la commune ou aux établissemens publics.
C'est encore le conseil de préfecture qui prononce
la résiliation des baux des sources d'eaux minérales
appartenant à l'état à défaut de paiement du prix
du bail ou de l'exécution des clauses.

La quatrième classe se réfère à diverses contestations qui intéressent spécialement l'administration communale, mais seulement dans le cas où
les communes et les établissemens publics ne sont
pas soumis à la loi générale ; car, ces personnes
morales, en ce qui concerne la gestion de leurs
biens, se comportent comme les personnes privées.

Dans cette quatrième classe sont comprises les contestations en matières de partage de biens communaux, sauf la confirmation par le Roi en conseil d'état ; les usurpations de biens communaux. Le conseil de préfecture discute les droits de propriété des communes sur les sources minérales réclamées par celles-ci ; il décide les contestations qui peuvent s'élever relativement aux comptes et à la répartition des revenus d'une cure entre l'ancien titulaire et le nouveau titulaire ; au conseil de préfecture sont déférées les contestations auxquelles donnent lieu les réglemens des monts-de-piété ; c'est encore lui qui décide les contestations qui s'élèvent relativement aux recouvremens des droits établis en faveur des pauvres et des hospices dans les divers spectacles.

La cinquième classe de matières contentieuses sur lesquelles le conseil de préfecture peut être appelé à prononcer, a pour but les intérêts de la voirie, de la navigation et ceux qui leur sont assimilés ; ici, il est appelé à réprimer les contraventions : cette juridiction exceptionnelle a été introduite dans quelques circonstances pour prévenir ou lever les obstacles qui s'opposeraient à l'exécution des divers services publics. Ainsi, le conseil de préfecture statue définitivement sur les contraventions en matière de grande voirie, par exemple, sur les contraventions aux réglemens qui déterminent la largeur des jantes pour les roues des voitures ; l'excès de chargement au-delà des limites fixées par la loi ; sur la circulation des voitures pendant la fermeture des barrières de dégel ; sur les contraventions aux règles concernant la longueur des essieux ; en un mot, sur tout ce qui concerne la police du roulage ; il statue sur la police des canaux, des rivières navigables, des ports maritimes de commerce ; il réprime les anticipations commises sur la largeur des chemins vicinaux, laissant aux préfets à déclarer ou à déterminer la direction et la largeur desdits chemins et aux tribunaux à prononcer sur les questions de propriété et sur les indemnités dues aux propriétaires du sol ; il réprime les infractions aux servitudes imposées à la propriété pour la défense de l'état.

Les conseils de préfecture ont encore à remplir diverses fonctions accessoires : ainsi, ils assistent le préfet quand il prononce en conseil de préfecture, par exemple, lorsqu'il arrête les comptes des receveurs des hospices et établissemens de charité ; lorsqu'il prononce sur les réclamations concernant le cadastre, sur le recours concernant les décisions des maires dans les contestations entre les employés et les débitans de boissons, relativement à l'exactitude de la déclaration des prix de vente ; lorsqu'il statue sur les réclamations qui seraient formées contre la liste des jurés ; lorsqu'il statue sur les demandes de tout individu qui croit devoir se plaindre, soit d'avoir été induement inscrit, omis ou rayé, soit de toute autre erreur commise à son égard dans les listes électorales.

Il arrive encore que l'administration supérieure recourt aux lumières du conseil de préfecture, mais seulement quand elle le juge utile ; comme, sur ce point, il n'y a pas de règles particulières, il suffira de donner quelques exemples : ainsi, le préfet soumet, à la délibération du conseil de préfecture, le procès-verbal d'expertise pour l'évaluation des indemnités relatives à une occupation de terrain. Le préfet le consulte encore quand il s'agit d'oppositions formées aux demandes d'autorisation pour les manufactures insalubres ou incommodes.

Enfin, les conseils de préfecture interviennent comme des conseils de famille dans la tutelle des communes et des établissemens publics, en leur accordant ou leur refusant l'autorisation de plaider ; en interdisant aux créanciers des communes le droit d'intenter des actions contre elles, sans sa permission par écrit ; la loi oblige le préfet à prendre l'avis du conseil de préfecture pour les transactions des communes.

CHAPITRE IX.

De la Cour des Comptes.

La Cour des comptes est une institution administrative chargée de l'examen, de la gestion, et du jugement, en premier et dernier ressort, des comptes de tous les comptables des deniers publics en recettes et en dépenses, c'est-à-dire des receveurs et des payeurs. Elle juge aussi les comptes des recettes et dépenses des fonds et revenus spécialement affectés aux dépenses des départemens et des communes dont les budgets sont arrêtés par le Roi.

La Cour des comptes tient en quelque sorte le milieu entre les tribunaux de l'ordre judiciaire et les conseils administratifs institués pour prononcer sur les matières contentieuses. — Elle participe des tribunaux de l'ordre judiciaire en ce que, comme eux, elle possède un ministère public; elle a une autorité déléguée; elle est inamovible; elle porte les mêmes titres. Elle se lie aux conseils administratifs, en ce qu'elle entretient d'étroits rapports avec l'administration en procédant, comme eux, par une instruction écrite.

SECTION PREMIÈRE.

De l'organisation de la Cour des Comptes.

La Cour des comptes, telle que la France la possède aujourd'hui, a été créée par la loi du 16 septembre 1807. Elle prend rang immédiatement après la Cour de cassation et jouit des mêmes prérogatives. Elle se compose d'un premier président, trois présidens et dix-huit maîtres des comptes, quatre-vingts référendaires dont dix-huit de première classe et soixante-deux de seconde classe, d'un procureur général et d'un greffier en chef. Elle se divise en trois chambres dont chacune a un président et six maîtres des comptes. Le premier président peut présider chacune des chambres.

Les membres de cette Cour sont nommés à vie par le Roi. Les présidens peuvent être changés chaque année. Pour être président, maître des comptes ou procureur-général, il faut avoir trente ans, il faut en avoir vingt-cinq pour être référendaire.

La Cour des comptes est dans les attributions du ministère des finances.

SECTION DEUXIÈME.

Des attributions de la Cour des Comptes.

La Cour des comptes est investie d'attributions générales pour l'exercice de sa juridiction ; elle en a de spéciales qui lui attribuent le jugement de diverses comptabilités ; enfin, elle en a d'accidentelles en plusieurs circonstances, lorsque le gouvernement lui renvoie péci alement l'examen de certaines comptabilités.

Attributions générales. — Elle juge en premier et dernier ressort les comptes de tous les comptables de deniers publics en recettes et dépenses ; elle connaît des pourvois contre les décisions rendues par les préfets, en conseil de préfecture, sur les comptabilités d'hôpitaux et établissemens de charité ; elle juge, en premier et dernier ressort, les comptes des communes ayant 10,000 fr. de revenu.

Attributions spéciales. — La Cour des comptes statue sur les comptes des écoles militaires qui sont présentés par le trésorier général de la dotation des invalides ; sur les comptes du conservateur et du caissier de l'administration de l'imprimerie royale ; sur les comptes des directeurs comptables de l'administration des postes dans les départemens ; sur les comptes des agens de l'université chargés du maniement des fonds ; sur la comptabilité des colléges royaux et communaux.

Attributions accidentelles. — Par exemple, la Cour des comptes a été chargée par le gouvernement de l'examen et du jugement de la comptabilité du dépôt général de la guerre en 1822 et du jugement des comptes des souscriptions pour l'acquisition du domaine de Chambord, en 1827.

Les questions sur lesquelles la Cour des comptes statue, ont pour objet de fixer l'état de situation des comptables; elle établit s'ils sont quittes, ou en avance ou en débet; elle procède à la révision des comptes pour erreur, omission, faux ou double emploi.

Si dans l'exercice des comptes, la Cour trouve des faux ou des concussions, elle en rend compte au ministre des finances, qui en réfère au ministre de la justice qui fait poursuivre les prévenus devant les tribunaux ordinaires.

Les référendaires forment sur chaque compte deux cahiers d'observations; les premières observations sont relatives à la ligne de compte seulement; c'est-à-dire aux charges et souffrances dont chaque article du compte leur aura paru susceptible relativement au comptable qui le présente; les secondes sont celles qui peuvent résulter de la comparaison de la nature des recettes avec les lois, et de la nature des dépenses avec les crédits.

Le maître, après avoir fait à la chambre un rapport motivé sur tout ce qui est relatif à la ligne de compte seulement, remet au premier président le deuxième cahier des observations du référendaire, avec ses observations personnelles. Au premier janvier de chaque année, le ministre des finances propose au Roi le choix de quatre commissaires qui forment avec le premier président un comité particulier, chargé d'examiner les observations faites pendant le cours de l'année précédente par les référendaires. Ce comité discute ces observations, écarte celles qu'il ne juge pas fondées et forme des autres un rapport qui est soumis au Roi par le ministre des finances.

Le procureur-général fait dresser un état de tous ceux qui doivent présenter leurs comptes à la Cour; il s'assure que la présentation a eu lieu dans les délais voulus par les lois et réglemens, et requiert contre les retardataires l'application des peines.

La juridiction de la Cour des comptes est exceptionnelle, puisqu'elle ne connaît que des matières de comptabilité; elle est contentieuse, puisqu'elle règle les débats de comptabilité entre l'administration et les agens. Ses arrêts sont définitifs et ne peuvent être attaqués que pour violation des formes ou de la loi. C'est le conseil d'état qui remplit vis-à-vis de cette Cour les fonctions de Cour de cassation. Le délai du pourvoi est de trois mois. C'est devant elle que prêtent serment tous les comptables qui sont directement ses justiciables. La juridiction de la Cour des comptes s'étend à toute la France et à ses colonies.

CHAPITRE X.

Du Conseil d'État.

Le conseil d'état institué en partie par les lois, en partie par les ordonnances royales, est au sommet de la hiérarchie des juges administratifs : on peut le définir, le haut tribunal de l'administration auquel ressortissent, soit généralement par la voie de l'appel, soit dans quelques circonstances par dévolution en première instance, toutes les questions contentieuses administratives [1].

Les lois ont reconnu, en principe, son existence et lui ont confié directement certaines attributions. Les ordonnances ont fixé son organisation et réglé le mode de ses opérations.

Le conseil d'état 1° remplit des fonctions purement consultatives ; 2° il exerce une tutelle administrative sur la fortune publique, sur les communes et sur les établissemens publics ; 3° il rend des décisions en matière contentieuse.

---

[1] Remarquez qu'il est aussi revêtu de fonctions purement facultatives, comme nous allons le voir dans un instant.

Nous ferons trois sections de ces trois sortes d'attributions.

SECTION PREMIÈRE.

Fonctions purement consultatives du Conseil d'État.

Ici le conseil d'état, comme conseil du gouvernement du Roi, adresse ses avis au Roi si tous les comités sont réunis ; il les adresse au ministre si un seul a été consulté. Un seul comité est consulté lorsqu'il s'agit de la *préparation* d'un projet de loi ou d'ordonnance portant réglement d'administration publique : il faut les consulter tous en assemblée générale et les ministres entendus ou appelés, lorsqu'il s'agit de la *délibération* de ce même projet. Les ordonnances, ainsi délibérées, pourront seules porter dans leur préambule, ces mots : *notre conseil d'état entendu.*

Cependant des lois particulières ont ordonné l'intervention du conseil d'état dans certains actes de haute administration. Telles sont les ordonnances royales ayant pour objet : la cession à l'état ou à une commune de maisons ou bâtimens dont il est nécessaire de faire démolir et d'enlever une portion pour cause d'utilité publique ; les plans généraux des alignemens pour l'ouverture ou l'élargissement des rues dans les villes ; les concessions de desséchemens de marais ; les concessions

pour l'exploitation ainsi que les autorisations pour
la vente ou pour le partage des mines ; l'exposition
dans les salles d'audiences des portraits des magistrats qui se sont illustrés ; l'approbation du tarif
des droits de pilotage dressé pour chaque port, et
des réglemens particuliers appropriés aux localités,
relativement aux dispositions auxquelles les pilotes
et les capitaines de navire doivent être assujétis.

SECTION DEUXIÈME.

Fonctions du Conseil d'État relatives à la tutelle administrative.

Cette tutelle embrasse la fortune publique :
ainsi, c'est en conseil d'état que sont accordées les
autorisations nécessaires pour les échanges d'immeubles avec l'état ; pour les pensions sur les fonds
généraux de l'état. Cette tutelle concerne les communes : ainsi, c'est en conseil d'état que sont accordées les autorisations nécessaires pour les procès
soit à intenter, soit à soutenir par les communes,
pour les acquisitions de terrains qui leur sont nécessaires pour l'établissement de nouveaux cime-
tières. Cette tutelle concerne les établissemens de
charité : ainsi, c'est en conseil d'état que sont accordées les autorisations nécessaires aux hospices,
pour plaider, soit en demandant, soit en défen-
dant, et pour l'emploi et le placement à faire par
un hospice des capitaux provenant de remboursement et excédant 2,000 fr.

SECTION TROISIÈME.

Décisions relatives au contentieux administratif.

Les principales questions du contentieux admi-nistratif sont toutes les affaires contentieuses qui lui sont accordées par les lois ou par les réglemens, notamment les recours formés : contre les arrêtés des conseils de préfecture contradictoirement ren-dus ; contre les décisions rendues par le préfet seul après que le ministre, dans les attributions duquel se trouve la matière, a préalablement prononcé; con-tre les décisions des ministres prises en matière contentieuse , lors même que ces décisions auraient obtenu l'approbation du Roi. Les recours formés sur les *appels comme d'abus* [1], appartiennent aussi au conseil d'état ; il prononce sur les contestations relatives , soit aux marchés passés avec les minis-tres , soit aux travaux de fournitures faits pour le service de leurs départemens respectifs ; sur les recours formés contre les décisions du conseil de l'université ; sur les contestations élevées entre la banque de France et les membres du conseil-général, les agens ou employés.

Le conseil d'état est encore appelé à régler la compétence entre les autorités judiciaire et admi-

---

[1] On entend par *appels comme d'abus* les recours pour tous les cas d'abus des supérieurs et autres fonctionnaires ecclésiastiques.

nistrative : ainsi, il prononce sur la revendication faite par l'administration d'une question attribuée, par une disposition législative, à l'autorité administrative et qui aurait été portée devant les tribunaux ; il prononce de la même manière dans le cas où les tribunaux et l'administration se déclareraient à la fois incompétens.

C'est comme participant au gouvernement supérieur du Roi que le conseil d'état prononce sur l'autorisation nécessaire pour la mise en jugement des fonctionnaires et agens du gouvernement et de l'administration, qui ne peuvent être mis en jugement à raison de leurs fonctions.

Par le motif d'indépendance du gouvernement français, aucune bulle, bref, rescrit ou autre expédition de la cour de Rome, ne peuvent être reçus, publiés, imprimés ou autrement mis à exécution sans l'autorisation donnée par le conseil d'état. — Aucune fonction ecclésiastique qui exige l'institution du pape, ne peut être exercée, que la bulle portant l'institution, n'ait reçu l'attache du gouvernement.

Le conseil d'état assiste le Roi lorsqu'il s'agit d'admettre aux droits de citoyen français des étrangers qui ont rendu des services importans à l'état, ou qui apportent dans le royaume des talens, des inventions, ou une industrie utiles, lorsqu'il s'agit d'autorisations pour changemens de noms.

Terminons par quelques mots sur l'organisation du conseil d'état.

Le conseil d'état se compose des princes de la famille royale, lorsque le Roi juge à propos de le présider et qu'il les y appelle; des ministres secrétaires d'état, des conseillers d'état, des maîtres des requêtes, d'auditeurs.

Au commencement de chaque trimestre, le garde des sceaux, président du conseil-d'état [1], désigne trois maîtres des requêtes qui exercent les fonctions du ministère public dans chaque affaire publique; l'un d'eux doit être entendu; il prend à cet effet communication du dossier.

Le service du conseil d'état se divise en service ordinaire et service extraordinaire. Le service ordinaire est celui des conseillers d'état, maîtres des requêtes et auditeurs employés, aux travaux intérieurs et habituels du conseil.

Le service extraordinaire est celui des conseillers d'état ou maîtres des requêtes qui exercent hors du conseil des fonctions publiques.

Il y a au conseil d'état, quatre comités : le comité de la justice et du contentieux; le comité de la guerre et de la marine; le comité de l'intérieur et du commerce; le comité des finances.

---

[1] En cas d'absence ou d'empêchement du garde des sceaux, ministre de la justice, le conseiller-d'état, vice-président du comité de la justice administrative, préside les séances publiques du conseil d'état. — Les séances sont publiques en matière contentieuse.

Les conseillers d'état ont seuls voix délibérative, les maîtres des requêtes ont voix consultative, les auditeurs n'ont aucune voix.

Il y a au conseil un secrétaire-général chargé de tenir la plume aux assemblées du conseil, de contresigner les avis motivés du conseil, de garder les papiers et minutes et de délivrer tous extraits, copies ou expéditions.

CHAPITRE XI.

Des Conflits

Un conflit est un réglement de compétence entre l'autorité judiciaire et l'autorité administrative.

On distingue deux sortes de conflits, le conflit *positif* et le conflit *négatif*. Le conflit positif existe lorsque les deux autorités judiciaire et administrative revendiquent la connaissance d'une même affaire ; le conflit négatif a lieu lorsque chacune des deux autorités se déclare incompétente.

Au conseil d'état appartient le droit de juger les conflits touchant la compétence respective des autorités administrative et judiciaire.

La nécessité de maintenir les limites entre ces deux autorités peut se faire sentir dans deux ordres de circonstances : 1° lorsque l'incertitude de la compétence entre ces deux autorités se trouve déclarée relativement à un litige porté devant elles ; 2° lorsque les actes d'un agent du gouvernement, faits dans l'exercice de ses fonctions, donnent lieu à des poursuites judiciaires : dans le premier cas, il faut décider à laquelle des deux autorités la compétence appartient; dans le second, il faut décider s'il y a lieu à l'application des règles judiciaires à l'égard de l'agent inculpé..

Les débats qui s'élèvent dans le premier cas, se nomment *conflits*. On applique au second, ce qu'on appelle *la garantie dès agens administratifs* [1]. Nous examinerons ce dernier point dans le chapitre suivant.

Tant que les questions de compétence restent renfermées dans le domaine de l'ordre judiciaire, c'est-à-dire lorsqu'elles s'élèvent entre les divers tribunaux, c'est dans le sein de l'ordre judiciare qu'elles doivent se résoudre et elles sont jugées au sommet de la hiérarchie judiciaire, d après les règles qui lui sont propres. De même lorsque les questions de compétence restent renfermées dans le domaine de l'ordre administratif, relativement aux attributions des différens fonctionnaires, c'est l'administration supérieure qui doit les résoudre..

Mais lorsque ces questions s'élèvent entre les deux ordres, il faut remonter plus haut encore et aller trouver le régulateur suprême des juridictions.

Le réglement de compétence entre les deux au-

---

[1] On entend par *garantie des agens administratifs*, la réserve d'après laquelle ils ne peuvent, à raison de l'exercice de leurs fonctions, être mis en jugement sans l'autorisation du gouvernement.

lorités judiciaire et administrative a pour objet d'assurer la distinction des pouvoirs [1]; c'est un acte du gouvernement.

SECTION PREMIÈRE.

Du conflit positif.

En matière criminelle, le conflit d'attributions ne peut jamais être élevé, entre les tribunaux et l'autorité administrative, parce que les crimes ne tombent pas dans le domaine de l'administration.

En matière de police correctionnelle, il ne peut y avoir conflit que dans deux cas : 1° lorsque la loi attribue la répression du délit à l'autorité administrative; 2° lorsque le jugement à rendre par le tribunal dépend d'une question préjudicielle dont la connaissance appartient à l'autorité administrative, en vertu d'une disposition administrative, et

[1] Les fonctions judiciaires sont distinctes et demeureront toujours séparées des fonctions administratives.

Les juges ne peuvent troubler, de quelque manière que ce soit, les opérations des fonctionnaires administratifs;

Les tribunaux ne peuvent entreprendre sur les fonctions administratives, ni connaître des actes d'administration, de quelque espèce qu'ils soient. (Lois du 23 décembre 1789; 8 janvier 1790, sect. III, art. 7; loi en forme d'instruct., du 8 janvier 1790, § 6; loi des 16-24 août 1790, tit. II, art. 15; Code pénal, art. 127.)

ici le conflit ne peut être élevé que sur la question préjudicielle.

Le conflit ne peut s'élever davantage après un jugement définitif, ou passé en force de chose jugée. Ne donnent pas non plus lieu au conflit le défaut d'autorisation du gouvernement quand il s'agit de poursuites dirigées contre ses agens ; le défaut d'autorisation du conseil de préfecture, lorsqu'il s'agit de contestations judiciaires dans lesquelles les communes et les établissemens publics sont parties.

Au préfet appartient le droit d'élever le conflit.

A Paris, lorsqu'il s'agit d'attributions placées dans le domaine du préfet de police, c'est lui qui élève le conflit.

Le procureur du Roi, dès qu'il apprend qu'une affaire attribuée à l'administration a été portée devant les tribunaux, doit en requérir le renvoi devant l'autorité administrative, et si le tribunal ne fait pas droit à ses réquisitions, il doit sur-le-champ en prévenir le préfet du département auquel il envoie lesdites réquisitions ainsi que les motifs sur lesquels elles sont fondées.

Le préfet n'a pas même besoin d'attendre la communication du procureur du Roi : car dès qu'il sait qu'une affaire est attribuée par la loi à l'autorité administrative et qu'elle a été portée devant un tribunal de première instance, il peut demander le renvoi de l'affaire devant l'autorité compétente.

Pour cela, il adresse au procureur du Roi un mémoire contenant la disposition de la loi qui attribue la connaissance de l'affaire à l'administration. Alors le procureur du Roi est tenu de faire connaître au tribunal la demande formée par le préfet; mais, il ne requiert le renvoi que si ladite demande lui paraît fondée ; et dans les cinq jours après que le tribunal a statué sur le déclinatoire, le procureur du Roi adresse au préfet copie de ses conclusions et du jugement rendu sur la compétence.

Soit que le déclinatoire ait été proposé par le préfet, soit qu'il l'ait été par le procureur du Roi ; s'il est rejeté, le préfet, dans la quinzaine, pour tout délai, de l'envoi dont nous venons de parler, peut élever le conflit s'il estime qu'il y a lieu ; il peut même, si la partie a interjeté appel du déclinatoire admis ; élever encore le conflit, dans la quinzaine qui suit la signification de l'acte d'appel.

Lorsque le préfet a élevé le conflit, il doit faire déposer son arrêté au greffe du tribunal ; il lui est donné récépissé de ce dépôt ; et si cette formalité n'a point été remplie dans la quinzaine, le conflit ne peut plus être élevé.

Si le dépôt de l'arrêté du préfet a été fait au greffe, en temps utile, le greffier le remet immédiatement au procureur du Roi qui le communique au tribunal réuni en la chambre du conseil et requiert qu'il soit sursis à toute procédure. Après cette communication, les pièces sont remises au greffe où elles restent déposées pendant quinze jours ; alors le procureur du Roi en prévient immédiatement les parties ou leurs avoués, qui peuvent en prendre communication, sans déplacement, et remettre dans ce délai de quinze jours au procureur du Roi leurs observations sur la question de compétence.

Toutes ces formalités remplies, le procureur du Roi en informe le garde-des-sceaux, dans le plus bref délai et lui transmet l'arrêté du préfet, ses propres observations et celles des parties. La date de l'envoi est consignée sur un registre à ce destiné.

SECTION DEUXIÈME.

Du Conflit négatif.

Nous avons dit que le conflit négatif résultait de la déclaration respective faite par l'autorité administrative et par l'autorité judiciaire, que la même affaire n'était pas de leur compétence. Dans ce cas, on ne doit pas se pourvoir en réglement de juges à la cour de cassation ; mais, au gouvernement qui, comme dans le cas du conflit positif, a seul le droit de décider à laquelle des deux autorités la connaissance de l'affaire appartient, et ce sont les parties elles-mêmes, vu leur intérêt à obtenir un juge pour terminer leur différent, qui sont reçues à se pourvoir directement au conseil d'état pour obtenir une décision sur la compétence.

Le pourvoi des parties et les ordonnances de *soit communiqué* ne sont soumis à aucun délai et il est procédé, en cas de conflit négatif, comme dans les cas ordinaires de recours en matière contentieuse.

CHAPITRE XII.

Des mises en jugement des fonctionnaires publics.

———◦———

Lorsque les actes d'un agent du gouvernement, faits dans l'exercice de ses fonctions, donnent lieu à des poursuites judiciaires, il faut rechercher s'il y lieu à l'application des règles judiciaires à l'égard de l'agent inculpé, ou s'il s'agit d'apprécier le mérite administratif ou politique de l'acte incriminé. La citation de cet agent devant les tribunaux civils soulève une véritable question de compétence entre les autorités judiciaire et administrative : on doit alors décider s'il faut le traduire devant le tribunal ; c'est le conseil d'état qui tranche cette question et qui donne ou refuse l'autorisation nécessaire : c'est ce que nous avons appelé *garantie des agens administratifs* ; il faut remarquer que cette garantie est accordée, non à la personne de l'agent, *mais aux fonctions seulement.*

Il ne faut pas confondre cette garantie avec les formes et garanties dont la loi entoure la mise en jugement de certains hommes publics, tels que les pairs de France qui ne peuvent être arrêtés que de l'autorité de la chambre et jugés par elle seule en matière criminelle ; les députés qui ne peuvent point être contraints par corps durant la session, ni dans les six semaines qui l'ont précédée ou suivie, et qui ne peuvent davantage, pendant la durée de la session, être poursuivis ni arrêtés en matière criminelle, sauf le cas de flagrant délit, qu'après que la chambre a permis la poursuite ; les juges que les lois ont également environnés d'une protection spéciale en déterminant des formes particulières de poursuites, non-seulement pour les forfaitures, crimes et délits relatifs à leurs fonctions (Inst. crim. art. 483 et suiv.), mais même pour les crimes et délits par eux commis hors de l'exercice de leurs fonctions (ibid. art. 479, 482). Ces formes ont uniquement en vue la dignité et l'influence morale de ces personnes ; tandis que la garantie des agens administratifs est accordée, comme nous venons de le dire, non à la *personne*, mais aux *fonctions*.

L'autorisation préalable à accorder par le conseil d'état pour la mise en jugement des agens administratifs, a pour objet d'empêcher que les tribunaux, souvent ignorans de l'esprit et des besoins de l'administration, connaissent de l'acte administratif ou qu'elle se trouve troublée ou arrêtée dans ses opérations ; elle a aussi pour objet de ne pas détruire la subordination dans l'ordre administratif et de maintenir la responsabilité ministérielle.

Ainsi, il est défendu aux tribunaux de faire citer devant eux les fonctionnaires administratifs à raison de leurs fonctions, avant que l'autorisation ait été accordée par le Roi en conseil d'état et suivant la forme contentieuse. La même autorisation est nécessaire relativement aux plaintes et dénonciations dirigées contre les administrateurs des établissemens de charité.

Cependant, l'administration générale de la poste aux lettres ; celle de la loterie royale ; le directeur général des domaines ; l'administration générale des eaux et forêts ; celle des monnaies ; le directeur général des douanes ; celui des poudres et salpêtres peuvent autoriser la mise en jugement des agens qui leur sont subordonnés, et en cas de refus de ces autorités, il est statué par ordonnance royale, en conseil d'état, sur l'autorisation de mise en jugement, d'après la demande du ministère public ou la plainte de la partie civile.

L'autorisation du Roi n'est pas non plus nécessaire aux préfets qui, après avoir pris l'avis des sous-préfets, traduisent devant les tribunaux les percepteurs des contributions pour les faits relatifs à leurs fonctions.

Les ministres, bien que placés au sommet de la hiérarchie des fonctionnaires administratifs, ne sont point soumis à la loi commune relativement à l'autorisation préalable. C'est la chambre des députés qui a le droit de les accuser et de les traduire devant la chambre de pairs qui, seule, a le droit de les juger.

Les délits personnels emportant peine afflictive ou infamante, commis par un membre du conseil d'état, sont poursuivis devant les tribunaux ordinaires après une délibération du corps auquel le prévenu appartient.

Les maires, comme officiers de l'état civil; les comptables destitués par le Roi; les préposés ou employés de la régie prévenus de crimes ou de délits commis dans l'exercice de leurs fonctions, ne doivent point être rangés parmi les fonctionnaires administratifs qui ne peuvent être poursuivis sans autorisation.

Nous ferons observer en terminant que, bien que les tribunaux ne puissent pas faire citer devant eux les agens de l'administration à raison de leurs fonctions; cependant les magistrats chargés de la poursuite des délits, peuvent informer et recueillir tous les renseignemens relatifs aux délits commis par ces agens dans l'excercice de ces mêmes fonctions; mais il ne peut être décerné aucun mandat, ni subi aucun interrogatoire juridique sans l'autorisation préalable du gouvernement.

CHAPITRE XIII

Des naturalisations.

On entend par naturalisation l'acte en vertu duquel un étranger obtient la qualité de membre de la nation à laquelle il veut appartenir et la jouissance des mêmes droits que ceux accordés aux indigènes.

La naturalisation exige des conditions : il faut d'abord de la part de celui qui veut se faire naturaliser, une volonté réfléchie ; en effet, un acte de cette importance ne doit pas être le fruit du caprice d'un moment ; ensuite, il faut qu'il obtienne l'autorisation du Roi, car cette adoption politique est un acte de souveraineté.

SECTION PREMIÈRE.

De la naturalisation des étrangers en France.

La naturalisation peut avoir lieu en France de quatre manières :

Première manière. Par la déclaration de l'intention de s'y fixer et par la résidence pendant dix années : ainsi, un étranger devient citoyen français lorsqu'après avoir atteint l'âge de vingt-un ans accomplis, et avoir déclaré l'intention de se fixer en France, il y a résidé pendant dix années consécutives. C'est le Roi qui lui accorde l'autorisation d'établir son domicile en France ; c'est lui qui prononce la naturalisation, sur la demande et les pièces à l'appui qui sont transmises par le maire du domicile du pétitionnaire, au préfet qui les adresse avec son avis au garde des sceaux, ministre de la justice.

Deuxième manière. Par la naturalisation accordée en récompense de services ou en vue d'une grande utilité[1] : ainsi, les étrangers qui rendent ou qui ont rendu des services importans à l'état, ou qui apportent dans son sein des talens, des inventions ou une industrie utiles, ou qui forment de grands établissemens, peuvent, après un an de domicile, être admis à jouir du droit de citoyen français.

Ce droit leur est conféré par une ordonnance spéciale, rendue sur le rapport d'un ministre, le conseil d'état entendu.

On délivre à l'impétrant une expédition de la-

---

1 On est convenu d'appeler la première manière, naturalisation *ordinaire*, par opposition à la seconde que l'on nomme *extraordinaire*, attendu les circonstances particulières dans lesquelles a lieu cette dernière.

dite ordonnance visée par le ministre de la justice ; avec cette expédition, il se présente devant la municipalité de son domicile pour y prêter le serment d'obéissance à la Charte constitutionnelle et aux lois du royaume. Il est tenu registre et dressé procès-verbal de cette prestation de serment.

Troisième manière. Par les lettres de naturalisation vérifiées dans les deux chambres, pour conférer le droit de siéger dans ces chambres : ainsi, aucun étranger ne peut siéger ni dans la chambre des pairs, ni dans la chambre des députés, à moins que, par d'importans services rendus à l'état, il n'ait obtenu du Roi des lettres de naturalisation vérifiées par les deux chambres. Cette concession solennelle a été jugée nécessaire pour conférer aux étrangers le droit de siéger dans les chambres législatives.

Quatrième manière. Par la déclaration de naturalité, pour les individus nés dans les pays qui ont fait momentanément partie de la France : ainsi, les habitans des départemens réunis au territoire de la France, en 1791, qui se trouvaient, au 4 juin 1814, avoir résidé dix ans, depuis l'âge de ving-un ans, sur le territoire actuel de la France, ont pu obtenir des lettres de naturalisation, en vertu de la loi du 14 octobre 1814, et jouir des droits de citoyen français (sauf celui de siéger dans les chambres), à la charge par eux de déclarer, dans le délai de trois mois, qu'ils persistaient dans la volonté de se fixer en France.

Ceux qui à l'époque susdite n'avaient pas encore le temps de stage voulu, ont pu acquérir les mêmes droits le jour où les dix ans de résidence ont été révolus, à la charge encore par eux de faire la déclaration précédente.

Le Roi s'était réservé d'accorder, lorsqu'il le jugeait convenable, même avant les dix ans de résidence, des lettres de déclaration de naturalité.

A l'égard des individus nés et encore domiciliés dans les départemens qui ont été séparés de la France, le Roi peut bien leur accorder la permission de s'établir dans le royaume et d'y jouir des droits civils ; mais ils ne peuvent devenir Français qu'après avoir rempli les conditions imposées par la loi aux étrangers.

SECTION DEUXIÈME.

De la naturalisation des Français en pays étranger.

Les Français ne peuvent se faire naturaliser en pays étranger sans l'autorisation du Roi. Cette autorisation est accordée par lettres-patentes dressées, signées, contresignées et visées par le garde des sceaux, insérées au Bulletin des Lois et enregistrées à la Cour royale du dernier domicile.

Les Français naturalisés, même avec l'autorisation du Roi, ne peuvent porter les armes contre la France, sans encourir les peines portées au Code pénal, art. 75 et suivans.

Les Français qui se sont fait naturaliser sans autorisation préalable et qui ont reçu directement ou par transmission des titres [1] institués par le sénatusconsulte du 14 août 1806, en sont déchus : ces titres et les biens qui y sont attachés sont dévolus à la personne restée française, appelée selon les lois. Sauf les droits de la femme qui, dans ce cas, est traitée comme veuve. Ils perdent en outre le droit de porter leurs décorations, s'ils en avaient; pour cela, on les biffe des registres.

Les Français qui entrent au service d'une puissance étrangère sans la permission du Roi, sont assimilés à ceux qui se sont fait naturaliser sans autorisation, et s'ils restent à l'étranger en temps de guerre, ils sont soumis aux peines de droit.

[1] De majorat, par exemple, on entend par là une concession du souverain qui autorise l'affectation d'une propriété particulière au maintien d'un titre transmissible, soit simple titre de noblesse, soit pairie : ainsi, le Roi autorise un chef de famille à substituer ses biens libres pour former la dotation d'un titre héréditaire, reversible au fils aîné, né ou à naître, et aux descendans en ligne directe, de mâle en mâle, par ordre de primogéniture.

CHAPITRE XIV.

Des changemens de noms.

———

Les noms sont une sorte de propriété de famille ; ils servent de lien commun entre les membres d'une même famille et la distinguent des autres familles.

Comme la légèreté dans le changement des noms de famille, si elle était autorisée, aurait de graves inconvéniens pour l'ordre public et les relations sociales, la loi a dû prescrire pour les changemens de noms, l'observation de certaines formalités, et elle a voulu qu'il y eut des motifs suffisans.

Lorsqu'une personne a quelque raison de changer son nom, elle doit en adresser la demande motivée [1] au gouvernement qui prononce dans la forme prescrite pour les réglemens d'administration publique.

———

[1] Il n'y a certainement aucune honte à porter un nom quelconque, et celui-là fait bien qui garde le sien ; mais il y a des personnes dont les noms sont tellement absurdes et tellement baroques, quelles ne peuvent supporter les rires et les plaisanteries qu'ils excitent ; il en est d'autres qui portent des noms qui ont appartenu à des hommes flétris et dont le souvenir fait horreur, etc.

(83)

Si la demande est admise, il autorise le changement de nom, mais son arrêté ne reçoit d'exécution qu'après une année révolue, à compter du jour
de l'insertion au *Bulletin des lois*; pendant ce temps,
tout ayant droit est admis à présenter requête au
gouvernement pour faire révoquer le changement
de nom, et le gouvernement prononce, s'il juge
l'opposition fondée. A l'expiration de l'année, s'il
n'y a point eu d'opposition, ou s'il y en a eu et
quelle ait été rejetée, l'arrêté a son plein et entier
effet.

Il est défendu d'ajouter aucun surnom à son nom
propre, à moins qu'il ne serve à distinguer les
membres d'une famille.

Nous ferons observer ici qu'il faut que chaque
individu ait un nom : ainsi, les juifs étrangers qui
viennent s'établir en France et qui n'ont pas de
nom de famille sont tenus d'en adopter un dans les
trois mois et d'en faire la déclaration pardevant
l'officier de l'état civil de la commune où ils sont
domiciliés : ne sont admis comme noms de famille
aucun nom tiré de l'Ancien-Testament, ni aucun
nom de ville.

CHAPITRE XV.

Règles générales de la tutelle administrative.

La tutelle administrative est une sorte de patronage que l'administration exerce sur les communautés et sur les établissemens publics.

On entend par *communautés* des êtres collectifs, des associations, des corporations ou colléges, dont les membres sont réunis sous certains statuts qui forment la loi commune et qui subsistent malgré le changement de leurs membres [1].

On entend par établissemens publics ceux où le

---

[1] Nulle association de plus de vingt personnes dont le but sera de se réunir tous les jours ou à certains jours marqués pour s'occuper d'objets religieux, littéraires, politiques ou autres, ne pourra se former qu'avec l'agrément du gouvernement. (Cod. pén. 291.)

Toute association de cette espèce qui sera formée sans autorisation sera dissoute. (Ibid., 292.)

Lorsque ces associations ont obtenu pour leur établissement, l'autorisation du gouvernement, il leur impose des conditions, et si ces conditions sont enfreintes, la dissolution des associations est prononcée. (Ibid.)

Il est même défendu de consentir l'usage de sa maison, sans autorisation, pour ces sortes d'associations. (Ibid., 194.)

public est admis ou dont il est appelé à recueillir directement les effets (hôpitaux, bureaux de charité, etc.); ainsi, ces sortes d'établissemens sont destinés au service et à l'usage, non de quelques particuliers déterminés, mais du public.

Les communautés et les établissemens publics sont assimilés aux mineurs (Cod. civ., art. 940, 2121, 547; proc. 49, 83). Les biens qui leur appartiennent sont administrés et ne peuvent être aliénés que dans les formes et suivant les règles qui leur sont particulières.

Ces sortes de corporations ne peuvent transiger et compromettre qu'avec l'autorisation expresse du Roi.

Les causes qui le concernent doivent être communiquées au procureur du Roi; elles sont dispensées du préliminaire de conciliation.

Les receveurs des communes et les receveurs des revenus des hôpitaux, bureaux de charité, maisons de secours, et autres établissemens de bienfaisance, sous quelque dénomination qu'il soient connus, sont tenus de faire, sous leur responsabilité respective, toutes les diligences nécessaires pour la recette et la perception desdits revenus, et pour le recouvrement des legs et donations; de faire les significations et poursuites nécessaires contre les débiteurs en demeure; d'empêcher les prescriptions; de veiller à la conservation des droits, priviléges et hypothèques, etc.

Ne peuvent se rendre adjudicataires, sous peine de nullité, ni par eux-mêmes, ni par personnes interposées, les administrateurs des biens des communes ou des établissemens publics confiés à leur soin.

Les établissemens publics et les communes sont soumis aux mêmes prescriptions que les particuliers et peuvent également les opposer.

CHAPITRE XVI.

Des Communes.

Une commune est une société de citoyens unis par des relations locales, soit qu'elle forme une municipalité particulière, soit qu'elle fasse partie d'une autre municipalité ; de manière que si une municipalité est composée de plusieurs sections différentes, et que chacune d'elles ait des biens communaux séparés, les habitans seuls de la section qui jouissent du bien communal, auront droit au paturage.

Les communes sont propriétaires de leurs biens comme les particuliers ; en conséquence, elles se comportent pour ce qui concerne leur patrimoine, comme des personnes privées ; mais le gouvernement surveille, comme tuteur, l'administration de ces biens et l'emploi des deniers ; nomme les administrateurs et répartit les charges communales.

SECTION PREMIÈRE.

De la constitution de la Commune.

Nous venons de dire qu'une commune était une société de citoyens unis par des relations locales :

ainsi les citoyens français unis par ces relations qui naissent de leur réunion dans les villes et dans de certains arrondissemens du territoire des campagnes, forment une commune.

Au Roi appartient le droit de prononcer l'érection de la commune et la réunion de plusieurs communes en une seule. C'est encore lui qui règle les limites entre les différentes communes.

Lorsqu'il s'agit de changer les limites des communes, c'est le préfet qui en fait la proposition · ses demandes, accompagnées des avis des conseils municipaux et de l'avis des sous-préfets, sont par lui transmises au ministre de l'intérieur, qui les soumet à la décision du Roi.

Les villes comprennent tout le territoire soumis à l'administration directe de leurs municipalités ; les communautés de campagne comprennent tout le territoire, tous les hameaux, toutes les maisons isolées dont les habitans sont cotés sur les rôles d'imposition du chef-lieu.

Le chef-lieu est l'endroit où est situé le clocher

Lorsque le Roi prononce la réunion de plusieurs communes en une seule, cette réunion n'influe en rien sur leurs propriétés respectives, ni sur les jouissances, ni sur les charges qui étaient propres à leurs habitans, en un mot, tout subsiste comme auparavant pour chacune des sections réunies.

Les municipalités ne peuvent point donner d'ordres hors de leur territoire ; ainsi il est défendu à tous fonctionnaires administratifs ou militaires d'obéir à une réquisition qui leur serait faite par une municipalité hors l'étendue de son territoire.

Les habitans d'une commune sont citoyens du département où est situé le chef-lieu de la commune.

SECTION DEUXIÈME.

Noms des Communes.

Les communes ont chacune leur nom distinctif et le Roi seul peut leur en donner de nouveaux; elles conservent aussi leurs anciennes armoiries et ne peuvent en obtenir de nouvelles que de l'autorité royale.

SECTION TROISIÈME.

Régime municipal.

L'administration de chaque commune appartient à un maire, assisté d'un ou de plusieurs adjoints.

Dans chaque commune il y a un conseil municipal.

Les fonctions propres au pouvoir municipal, sous la surveillance et l'inspection des préfets, sont :

De régir les biens et revenus des communes ;

De régler et d'acquitter celles des dépenses lo-

cales qui doivent être payées des deniers communaux ;

De diriger et de faire exécuter les travaux publics qui sont à la charge de la commune ;

D'administrer les établissemens qui appartiennent à la commune et qui sont entretenus de ses
deniers ou qui sont particulièrement destinés à
l'usage des citoyens dont elle est composée ;

De faire jouir les habitans d'une bonne police,
notamment de la propreté, de la salubrité, de la
sûreté et de la tranquillité dans les rues, lieux et
édifices publics.

SECTION QUATRIÈME.

Responsabilité des Communes.

D'après la loi du 10 vendémiaire an IV, chaque
commune est responsable des délits commis à force
ouverte ou par violence sur son territoire, par des
rassemblemens ou attroupemens armés ou non
armés, soit envers les personnes soit envers les
propriétés, ainsi que des dommages-intérêts auxquels ils donnent lieu.

Si les attroupemens ont été formés par les habitans de plusieurs communes, toutes ces communes
sont responsables des délits commis et contribuent
au paiement tant des dommages-intérêts que de
l'amende ; mais si les habitans d'une ou de plusieurs

communes prétendent n'avoir pris aucune part au délit, et s'il ne s'élève contre eux aucune plainte de complicité ou participation aux attroupemens, ils peuvent exercer leurs recours contre les auteurs et complices des délits.

Dans le cas où les rassemblemens ont été formés d'individus étrangers à la commune sur le territoire de laquelle les délits ont été commis, elle demeure déchargée de toute responsabilité, pourvu qu'elle ait pris toutes les mesures nécessaires qui étaient en son pouvoir à l'effet de les prévenir et d'en faire connaître les auteurs.

Si un individu domicilié ou non dans une commune, y a été pillé, maltraité ou homicidé, par suite de rassemblemens ou attroupemens, tous les habitans sont tenus de lui payer, ou, en cas de mort, à la veuve et à ses enfans, des dommages-intérêts.

Lorsque des ponts ont été rompus, des routes interceptées par des abattis d'arbres ou autrement, dans la commune, la municipalité est tenue de les faire réparer et remettre en état de servir, sans délai, et ce, aux frais de la commune, sauf son recours contre les auteurs du délit. Néanmoins cette responsabilité n'aurait pas lieu dans le cas où la commune justifierait qu'elle a résisté à la destruction des ponts et des routes, ou qu'elle a pris toutes les mesures nécessaires pour prévenir l'événement ; cette responsabilité n'aurait pas lieu davantage si elle avait dénoncé les auteurs, provocateurs et complices, tous étrangers à la commune.

Dans tous ces cas, les officiers municipaux doivent dresser procès-verbal des délits; mais leurs procès-verbaux ne sont point indispensables pour l'application de la responsabilité.

Les particuliers ne peuvent intenter d'actions contre les communes, sans la permission préalable du conseil de préfecture; mais dans les cas que nous venons d'énumérer, il n'y a pas besoin de cette autorisation pour les poursuivre, puisqu'il s'agit de poursuites d'ordre public et de haute police [1].

SECTION CINQUIÈME.

Tutelle des Communes.

A l'autorité royale appartient essentiellement la tutelle des communes; cependant, l'intervention de la loi est en certain cas nécessaire; en d'autres cas, il suffit de l'autorisation du ministre, du préfet même ou du conseil de préfecture.

L'intervention de la loi est nécessaire : lorsque

---

[1] Depuis la restauration, on a élevé la question de savoir si la loi du 10 vendémiaire an IV, était encore en vigueur? Il faut répondre que oui, d'après l'art. 59 de la Charte et d'après les arrêts de cassation des 17 janvier 1817; 24 avril, 18 novembre 1821; 5 décembre 1822; 28 janvier 1826, et avis du conseil d'état du 20 septembre 1821.

les villes dont les revenus excèdent 100,000 fr. ,
veulent faire des emprunts ou s'imposer extraordi-
nairement, excepté dans les cas urgens, dans l'intervalle des sessions et sans que ces emprunts puissent excéder le quart de leurs revenus.

L'autorisation du gouvernement est nécessaire :
pour les acquisitions, aliénations, échanges de
maisons, terrains et biens quelconques à faire par
les communes ; pour les emprunts par les communes dont les revenus ne s'élèvent pas à 100,000 fr. ;
pour les impositions extraordinaires, pour dépenses
locales ; pour le réglement des budgets des villes
ayant plus de 100,000 fr. de revenu.

Il suffit de l'autorisation du ministre (de l'intérieur), quand il s'agit : du réglement des budgets
des villes ayant plus de 30,000 fr. de revenu ; de la
suppression des octrois ; des tarifs et réglemens
pour les bureaux de pesage et mesurage.

C'est le préfet qui règle les budgets des villes
ayant un revenu inférieur à 30,000 fr. ; il autorise
par des arrêtés en conseil de préfecture (après délibération des conseils municipaux, et après enquête de *commodo et incommodo*), les acquisitions
aliénations et échanges ayant pour objet les chemins communaux, lorsque la valeur des terrains
n'excède pas 3,000 fr.

Enfin, *le conseil de préfecture*, sauf le recours au
Roi en conseil d'état, autorise les communes à soutenir ou à intenter un procès.

SECTION SIXIÈME.

Des biens des Communes.

Les communes étant des personnes morales elles sont capables d'avoir des biens [1] : leurs biens sont meubles ou immeubles.

Les biens meubles des communes comprennent, pour les villes, le mobilier de l'hôtel-de-ville, les bibliothèques, musées et autres collections ; pour toutes les communes en général, les créances, les actions ou les rentes perpétuelles qui leur appartiennent.

Parmi les immeubles des communes, il en est qui proviennent de leur réintégration dans les biens qui leur furent enlevés en vertu des lois des 10 juin 1793, et 20 mars 1813.

Deux fois, dans l'espace de vingt années, les communes ont été dépouillées de leurs biens ; la première fois par la loi du 10 juin 1793 ; la seconde par la loi du 20 mars 1813.

Ces deux lois réunirent les biens des communes au domaine de l'état ; la première indemnisa les communes, en déclarant les dettes des communes,

---

[1] Les biens communaux sont ceux à la propriété et aux produits desquels les habitans d'une ou plusieurs communes ont un droit acquis. (Cod. civ., art. 542.)

dettes nationales; la seconde leur donna en retour des rentes sur le grand-livre et fit procéder à la vente des biens par la caisse d'amortissement.

Toutes deux ont excepté certaines natures de biens communaux de la réunion au domaine, telles que les pâtis, les pâturages, les tourbières en exploitation pour l'usage commun des habitans; les halles, marchés, promenades et emplacemens utiles pour la salubrité et l'agrément; les églises, casernes, hôtels-de-ville, salles de spectacle et autres édifices consacrés à un service public.

La loi du 28 avril 1816 a remis à la disposition des communes tous les biens qui, à cette époque, n'avaient point encore été vendus au profit de la caisse d'amortissement, en vertu de la loi du 20 mars 1813.

L'ordonnance du Roi du 23 juin 1819 enjoint aux administrations locales de s'occuper de la recherche et de la reconnaissance des terrains usurpés sur les communes depuis la publication de la loi du 10 juin 1793, dont l'occupation ne résulte d'aucun acte de concession qui ait dessaisi la commune de ses droits en faveur des détenteurs. Ces derniers même sont tenus, d'après l'ordonnance, de déclarer les biens communaux dont ils jouissent sans droit ni autorisation.

Si cette déclaration a été par eux faite dans le délai des trois mois qui ont suivi la publication de ladite ordonnance, ils ont pu [1] être maintenus en possession des biens par eux déclarés, moyennant le paiement à la commune propriétaire des quatre cinquièmes de leur valeur, déduction faite de la plus-value résultant des améliorations, ou bien moyennant une redevance annuelle égale au vingtième du prix du fonds ainsi évalué et réduit à dire d'experts.

Les détenteurs qui n'ont point satisfait à cette obligation ont été poursuivis à la diligence du maire, devant le conseil de préfecture, en restitution des terrains usurpés et des fruits exigibles.

Il y a des immeubles qui appartiennent aux communes parce qu'elles les ont fait bâtir : ce sont les édifices servant à loger les autorités et que les villes justifient avoir fait construire sur leurs terrains et à leurs frais ; il en est de même des hôtels de ville.

Il en est d'autres qui leur appartiennent en vertu de la loi du 10 germinal an X qui les a considérés comme propriétés communales : ce sont les églises et presbytères.

D'autres leur appartiennent par suite de la dépossession des seigneurs, de leurs héritiers, légataires ou donataires : ainsi, les communes sont rentrées en possession de tous corps d'héritage qui ont été cédés pour prix d'affranchissement de la

---

[1] Sur la proposition du conseil municipal, et de l'avis du sous-préfet et du préfet.

main-morte ou autres droits féodaux abolis et qui se trouvaient entre les mains des personnes ci-dessus.

Enfin les bâtimens militaires et de service public appartiennent encore aux communes : ainsi, les casernes, hôpitaux, manutentions, corps-de-garde et autres bâtimens militaires, appartiennent aux villes dans lesquelles ils sont situés, à la charge de leur entretien.

Les bâtimens militaires sont placés sous l'administration du ministre de l'intérieur, dans tout ce qui tient aux travaux et dépenses, à la conservation des immeubles et du mobilier qui en dépend, à l'exercice des droits et à l'accomplissement des obligations des communes ; ils sont placés sous l'administration du ministre de la guerre, dans tout ce qui tient au logement des troupes, au service et à la police militaire.

Les bâtimens destinés au service des cours et tribunaux et de l'instruction publique, font aussi partie des propriétés des communes où ils sont situés.

SECTION SEPTIÈME.

Des Banalités féodales.

Ban vient de *bannum*, en français, proclamation : ainsi, on entend par ban, une proclamation solennelle de quelque chose que ce soit. Il paraîtrait que *banalité* pourrait lui-même venir de *bannum* parce que les seigneurs faisaient proclamer que leurs vassaux devaient moudre leur blé à son moulin, cuire à son four, etc.

On entend par *banal*, un moulin, un four ou un pressoir que le seigneur entretenait pour l'usage de ses censitaires et dont il pouvait les contraindre d'user.

On entend par *banalité*, le droit qu'avait le seigneur de contraindre les habitans de son territoire d'aller moudre leur blé à son moulin, cuire à son four ou porter la vendange à son pressoir. Il n'y avait là rien de conventionnel, c'était une obligation qui pesait sur les habitans du territoire du seigneur, tellement que ce dernier avait le droit de faire saisir en chemin les farines, les pains et le vin que les personnes sujettes à sa banalité auraient fait moudre, cuire ou presser ailleurs qu'à son moulin, four ou pressoir.

Ce droit ne pouvait appartenir qu'au seul seigneur. C'est pourquoi si un particulier avait construit à ses dépens un moulin, à condition que ses voisins viendraient y moudre leurs grains, moyennant une rétribution, ce ne serait qu'une espèce de banalité à laquelle on pourrait donner le nom de *banalité conventionnelle;* mais qui ne donnerait pas, à beaucoup près, à ce particulier les mêmes

droits qu'au seigneur qui avait ce qu'on peut appeler des *banalités féodales*.

Les banalités féodales ont été abolies et les banalités conventionnelles ont été déclarées rache-
tables en 1790 et 1792.

Les communes ne peuvent, par aucune stipula-
tion, établir des banalités nouvelles, ni convertir
en banalités conventionnelles les banalités suppri-
mées comme féodales.

Les fours, moulins et pressoirs destinés par les
communes à prendre un caractère de banalité sont
aujourd'hui considérés comme biens communaux,
sans privilége exclusif, et comme des moyens de
produire des revenus communaux, *sans qu'il en
puisse résulter une exclusion pour tous les autres
établissemens de la même nature.*

SECTION HUITIÈME.

Des Halles.

Les halles sont des emplacemens destinés, dans
les villes et bourgs un peu considérables, à tenir
les marchés de toutes sortes de marchandises et
denrées, particulièrement de celles qui servent à
la vie, comme grains, farines, légumes, etc.

Les bâtimens et halles servant aux marchés publics, ont continué à appartenir à leurs propriétaires, lors de la suppression des droits de hallage

et autres analogues, sauf aux propriétaires à s'ar-
ranger à l'amiable avec les municipalités des lieux
soit pour le loyer, soit pour l'aliénation.

Les propriétaires ont même le droit d'obliger les
municipalités soit à les acheter, soit à les prendre à
loyer ; et réciproquement aussi les municipalités
peuvent les contraindre à vendre s'ils ne veulent
pas louer.

Dans ces différens cas, il est procédé par une
expertise à la diligence des autorirés locales.

Un décret, du 26 avril 1806, a imposé à la régie
des domaines l'obligation d'abandonner aux communes les halles dont elle était en possession, après
une estimation contradictoire.

SECTION NEUVIÈME.

Du droit d'usage des Communes dans les forêts de l'état.

Pour que les communes puissent exercer un
droit quelconque dans les forêts de l'état, il faut
que leurs droits aient été reconnus fondés, soit par
des actes du gouvernement, soit par des jugemens
ou arrêts définitifs, et pour cela, elles ont dû produire leurs titres dans le délai de deux ans à partir du jour de la promulgation [1] du Code forestier.

Lorsqu'il s'agit de régler par cantonnement le
droit d'usage appartenant à une commune, le mi-

---

[1] Elle a eu lieu le 21 mai 1827.

nistre des finances, avant de statuer sur la proposition de l'administration forestière, est tenu de la communiquer au préfet, lequel donne des renseignemens précis et son avis motivé sur l'absolue nécessité de l'usage pour les habitans.

Lorsque le ministre a prononcé, le préfet avant de faire procéder à l'estimation préparatoire, notifie la proposition de rachat au maire de la commune usagère en lui prescrivant de faire délibérer le conseil municipal pour qu'il exerce, s'il le juge à propos, le pourvoi devant le conseil de préfecture, qui statue après une enquête *de commodo et incommodo*, sauf le recours au conseil d'état.

La durée de la glandée et du panage [1] dans les forêts de l'état, ne peut excéder trois mois; c'est l'administration forestière qui en fixe chaque année l'ouverture et qui détermine, d'après les droits et usages, le nombre des porcs qui peuvent être mis en panage et des bestiaux qu'on peut faire paître.

Comme la commune et les particuliers ne peuvent user du droit de pâturage et de panage dans les forêts de l'état, que pour les bestiaux à leur propre usage et non pour ceux dont il font le commerce, il suit de là que les maires des communes

---

[1] La *glandée* est la faculté d'introduire des porcs dans une forêt pour manger le gland qui tombe naturellement des chênes.

Le *panage* consiste dans le droit de faire manger par les porcs les glands, faînes et autres fruits.

et les particuliers jouissant du droit de pâturage ou de panage dans les forêts de l'état, doivent remettre, tous les ans, à l'agent forestier local, avant le 31 décembre, pour le pâturage, et avant le 31 juin pour le panage, l'état des bestiaux que chaque usager possède, avec la distinction de ceux qui servent à son propre usage et de ceux dont il fait le commerce.

Le troupeau de chaque commune ou section de commune doit être conduit par un ou plusieurs pâtres communs, choisis par l'autorité municipale; en conséquence, les habitans ne peuvent point avoir de pâtres particuliers ni conduire eux-mêmes leurs bestiaux, sous peine d'une amende de 2 fr. par tête de bétail.

Les porcs ou bestiaux de chaque commune ou section de commune usagère, doivent former un troupeau particulier et sans mélange de bestiaux d'une autre commune ou section de commune, sous peine d'une amende de 5 fr. à 10 fr. contre le pâtre, et d'un emprisonnement de cinq à dix jours en cas de récidive.

Les communes et sections de communes sont responsables des condamnations qui peuvent être prononcées contre les pâtres, tant pour les délits et contraventions que nous venons de voir, que pour les délits forestiers commis par eux pendant le temps de leur service et dans les limites du parcours.

Enfin, une amende de 3 fr. est encourue pour défaut de marque à faire à chaque tête de porc ou de bétail à l'effet de distinguer, par une empreinte particulière, les bestiaux de chaque commune.

L'empreinte de la marque est déposée au greffe du tribunal, et le fer servant à marquer est déposé au bureau de l'agent forestier local.

SECTION DIXIÈME.

Gestion du patrimoine communal.

Les biens immeubles des communes sont régis en général par le droit commun ; cependant les actes de gestion sont soumis à quelques formalités spéciales, lesquelles ont pour objet d'assurer la conservation de ce patrimoine et d'obtenir la garantie nécessaire à l'intérêt général des habitans.

De là il suit : que les communes ne peuvent aliéner que pour de justes causes, dûment reconnues ;

Que la proposition devant être autorisée, elle doit être précédée des formalités et accompagnée des documens ci-après, savoir :

1° Un procès-verbal d'estimation ;

2° Une enquête *de commodo et incommodo* ;

3° Une soumission de la part de celui qui demande à acquérir s'il ne doit point y avoir d'adjudication publique ;

4° La délibération du conseil municipal ;

5° L'avis du sous-préfet et du préfet.

Les communes peuvent affermer le droit de chasse dans les bois communaux, à la charge de faire approuver la mise en ferme par le préfet et le ministre de l'intérieur.

C'est le conseil de préfecture qui accorde aux créanciers des communes, l'autorisation nécessaire pour plaider contre elles. Cette obligation, imposée aux créanciers, n'a d'autre objet que d'empêcher une commune de soutenir un procès injuste ou onéreux.

Le droit de suivre les actions qui intéressent les communes appartient aux maires; mais pour cela, ils doivent être autorisés par le conseil de préfecture, d'après l'avis du conseil municipal.

Les communes ne peuvent transiger qu'autant que le droit est douteux.

Il doit être dressé par chaque commune un budget annuel ou un aperçu de ses recettes et de ses dépenses pour l'année.

Le conseil municipal arrête l'état du passif et indique l'actif de la commune.

Le budget, délibéré par le conseil municipal, est réglé par le sous-préfet si les revenus ne s'élèvent pas à 100 fr., sauf à en rendre compte au préfet; il est réglé par le préfet si les revenus ne s'élèvent pas à 100,000 fr., sauf à en rendre compte au ministre de l'intérieur; il est réglé par le Roi lorsque les revenus s'élèvent à 100,000 francs ou dépassent.

Les budgets des villes dont les revenus excèdent 100,000 fr. sont annuellement rendus publics par la voie de l'impression.

CHAPITRE XVII.

De la Voirie.

Le mot *voirie,* qui signifiait autrefois grand chemin, se prend aujourd'hui pour cette portion de
la police qui a pour objet l'établissement et la conservation de la voie publique. La police doit veiller
à ce que les communications soient paisibles, libres
et sûres.

La voirie se divise en *grande* et *petite.*

SECTION PREMIÈRE.

De la grande Voirie.

La dénomination de *grande voirie* est réservée
aujourd'hui à la police des communications d'une
utilité générale, c'est-à-dire aux grandes routes
royales, soit de première, soit de seconde classe et
aux routes départementales.

Les routes royales de première classe sont ou-
vertes sur une largeur de dix-neuf mètres cinquante
centimètres; celles de deuxième classe, traversant
les bois, sur une largeur de treize mètres soixante

centimètres, et dans les autres cas sur celle de onze mètres soixante-dix centimètres; enfin, les routes départementales sur une largeur de neuf mètres soixante-quinze centimètres. Ne sont pas compris dans les largeurs ci-dessus spécifiées, les fossés, ni les empiètemens des talus ou glacis.

Sont soumises à la grande voirie les rues qui, dans les grandes villes, forment partie des routes royales ou départementales. Au Roi appartient le droit de les désigner.

Il en est de même des quais des villes sur les rivières navigables.

§ 1ᵉʳ. *Obligations et droits des riverains.* — Les propriétaires riverains sont sujets à subir, sauf indemnité, l'expropriation des terrains nécessaires à la construction ou au redressement des routes; l'occupation de leurs terrains pendant le temps des travaux; la fouille des mêmes terrains pour l'extraction des matériaux; enfin, ils sont obligés de recevoir les eaux de la grande route.

Quand il s'agit de la fouille des pierres, du sable ou autres matériaux, à extraire des terrains des riverains, les entrepreneurs ne peuvent s'adresser qu'aux propriétaires dont les terrains ont été désignés à cet effet par les devis et adjudications, et l'extraction ne peut être faite dans les lieux fermés de murs ou autres clôtures équivalentes, suivant les usages du pays.

Les propriétaires doivent être dédommagés par

les entrepreneurs de tout le préjudice causé par la fouille et l'enlèvement des matériaux.

Le terrain abandonné par l'effet du redressement de la route, est délaissé aux particuliers dont le terrain est occupé par suite de cette opération.

Tout propriétaire riverain d'une grande route est obligé de prendre l'alignement quand il veut bâtir, reconstruire ou réparer, sous peine de démolition, confiscation des matériaux et 300 fr. d'amende ; les maçons, charpentiers et ouvriers sont condamnés à une pareille amende et même à une plus grande peine, en cas de récidive.

L'alignement est donné par le préfet d'après les plans généraux arrêtés par le Roi, et il est défendu à tout autre de le donner à peine de répondre personnellement des condamnations prononcées contre les délinquans.

§ 2. *Liberté et sûreté de la voie publique.* — Le préfet, et, en cas de péril imminent, le maire, ordonnent la démolition des édifices menaçant ruine sur la voie publique. En cas de refus ou de retard, il est procédé d'office à la démolition.

Dans ce cas, l'état des lieux et le danger qui en résulte sont préalablement constatés par un procès-verbal contradictoire.

Défenses sont faites à tous particuliers de dépaver les chemins publics, d'en enlever aucun pavé, non plus que les autres matériaux destinés aux ouvrages publics.

Il est également défendu de troubler les paveurs, de les injurier ou maltraiter.

On ne peut faire aucune tranchée ou ouverture dans le pavé des routes royales, soit pour visites, réparations de tuyaux, etc. , sans en avoir obtenu préalablement la permission.

Les propriétaires ou adjudicataires des arbres le long des routes ne peuvent laisser séjourner les élagures, boutures ou coupes de ces arbres, sur les routes ; ils doivent en faire l'exploitation hors du chemin.

Les rouliers et voituriers ne peuvent dormir dans leurs voitures, ni s'en écarter de manière à ne pouvoir veiller à leurs voitures.

SECTION DEUXIÈME.

De la petite Voirie aussi appelée Voirie vicinale.

La dénomination de petite voirie est réservée à la police des communications dont l'utilité est purement communale.

On divise la petite voirie en voirie *rurale :* c'est celle qui concerne spécialement les chemins vicinaux ; et en voirie *urbaine :* c'est celle qui a rapport à la conservation et à l'établissement des rues, promenades et places publiques.

En matière de petite voirie, c'est l'autorité municipale qui fait les réglemens et qui prend les mesures nécessaires :

En conséquence, elle pourvoit à la propreté, la commodité, la sûreté et à la salubrité des rues, quais, places, etc., c'est-à-dire qu'elle veille à l'illumination, au nettoiement, à l'enlèvement des décombres; elle défend de rien exposer aux fenêtres qui, par la chute, puisse nuire aux passans.

Les délits et contraventions sont réprimés par l'autorité judiciaire. Ces règles s'appliquent à la voirie urbaine, comme à la voirie vicinale.

§ 1ᵉʳ. *Des chemins vicinaux*. — Les chemins vicinaux ou communaux sont ceux qui sont nécessaires à la communication des communes : ces chemins sont reconnus par un arrêté du préfet sur une délibération du conseil municipal.

C'est l'administration qui en fixe la direction et la largeur, suivant la localité. La largeur ne peut excéder six mètres.

Nul ne peut planter sur le bord des chemins vicinaux, même dans sa propriété, sans leur conserver la largeur qui a été fixée.

Le préfet prononce sur la suppression des chemins devenus inutiles.

Les aliénations et échanges, concernant les chemins vicinaux, doivent être autorisés par arrêtés des préfets en conseils de préfecture, après délibération des conseils municipaux et après enquête de *commodo et incommodo*, lorsque la valeur du ter-

rain à acquérir ou à échanger n'excède pas 3000 fr.
—C'est l'autorité municipale qui pourvoit à l'entretien des chemins vicinaux.

Les dépenses relatives aux chemins vicinaux sont à la charge des communes sur le territoire desquelles ils sont établis, et si le chemin intéresse plusieurs communes, la dépense est répartie proportionnellement entre elles.

§ 2. *De la voirie urbaine.* — Elle a pour objet l'ouverture et la conservation des rues, places et promenades publiques. La voirie urbaine se rattache à la grande voirie pour les rues qui forment les traverses des grandes routes ; toutes les autres rues sont dans le domaine de la petite voirie.

Dans les villes, les alignemens pour l'ouverture des nouvelles rues, l'élargissement des anciennes, sont donnés par les maires conformément au plan dont les projets ont été adressés aux préfets, transmis avec leur avis au ministre de l'intérieur, et arrêtés en conseil d'état.

Il est défendu à toutes personnes de faire aucune construction avançant sur la voie publique sans le congé et l'alignement du maire. Les contrevenans sont assignés devant les tribunaux ordinaires pour s'y voir condamner à démolir les ouvrages et à telle amende que de raison.

On ne peut faire creuser de caves sous les rues.

L'autorité municipale ordonne la réparation ou

la démolition des édifices menaçant ruine et y fait procéder d'office, faute par les propriétaires d'obéir à la sommation.

Le numérotage des maisons dans les villes ou communes où cette opération est nécessaire, est exécuté à l'huile et a lieu pour la première fois aux frais de la commune. L'entretien du numérotage est à la charge des propriétaires, en se conformant toutefois aux réglemens locaux.

L'entretien du pavé pour les parties qui ne sont pas grandes routes, est à la charge des communes. Le pavage des grandes routes n'est point à la charge des communes.

Terminons par quelques mots seulement sur la voirie de la capitale. — Cette voirie a été placée de tout temps sous un régime exceptionnel, parce que Paris est le siége du gouvernement et le centre de toutes les communications.

La voirie de Paris appartient à la fois à la grande et à la petite voirie. A la grande voirie, pour tout ce qui concerne la direction, la largeur des rues, l'alignement; — à la petite voirie: 1° en ce que le sol des places, rues et promenades publiques, est une propriété communale; 2° en ce que les règles de la voirie urbaine relatives à la propriété, à la salubrité, à la sûreté et à la commodité de la voie publique, y sont appliquées.

Les mesures relatives à la grande voirie sont dans

les attributions du préfet du département et de la compétence du conseil de préfecture.

Les mesures relatives à la petite voirie sont dans les attributions du préfet de police et de la compétence des tribunaux ordinaires.

CHAPITRE XVIII.

Du Roulage.

La police du roulage est essentiellement liée à celle de la voirie, et en fait même partie à quelques égards ; mais comme elle comporte des dispositions spéciales, il est bon d'en parler dans un chapitre à part.

Les réglemens relatifs à la police du roulage ont pour but la conservation des routes, la sûreté des voyageurs et la fidélité des transports.

De là les réglemens qui déterminent le poids des voitures et la largeur des jantes, le nombre de chevaux, de conducteurs ou postillons, la visite des voitures avant d'être mises en circulation , etc.

Deux genres de voitures sont l'objet de ces réglemens :

1° Les messageries ou voitures destinées au transport des personnes ;

2° Les charrettes et voitures de rouliers destinées au transport des denrées et marchandises.

La circulation des voitures qui ne sont pas dans les termes de la loi, est prohibée.

Le poids des voitures est constaté au moyen de ponts à bascule établis sur les routes dans les lieux fixés par le gouvernement.

Les voitures employées à la culture sont dispensées de cette vérification ; mais elles y sont soumises si elles passent le point où sont établis ces ponts à bascule. Du reste la vérification est gratuite.

Les voitures vides ne sont pas assujetties à passer sur les ponts à bascule.

Les préposés aux ponts à bascule sont aussi chargés de vérifier la largeur des bandes des roues : cette vérification est aussi gratuite, et elle se fait au moyen de jauges en fer qui sont remises à chaque bureau par l'administration des ponts et chaussées.

Avant le départ, les propriétaires de voitures et les rouliers peuvent faire vérifier le poids et la largeur des bandes de leurs voitures par les préposés auxdits ponts, pour ne pas s'exposer aux contraventions.

Les voitures du service militaire ne sont point assujetties à ces formalités.

Les propriétaires ou entrepreneurs de voitures publiques allant à destination fixe sont tenus de se présenter, dans le département de la Seine, devant le préfet de police, et dans les autres départemens, devant les préfets ou sous-préfets, pour faire la déclaration du nombre de places qu'elles contiennent, du lieu de leur destination, du jour et de l'heure de leur départ, de leur arrivée et de leur retour.

Après cette déclaration, les préfets ou sous-préfets ordonnent la visite desdites voitures par des experts qu'ils nomment, afin de constater si elles n'ont aucun vice de construction qui puisse occasioner des accidens.

Après cette expertise, le préfet donne l'autorisation de les mettre en circulation. Ladite autorisation est transmise par le préfet au directeur des contributions indirectes, sur le vu de laquelle il délivre l'estampille.

Chaque voiture doit porter à l'extérieur le nom du propriétaire ou de l'entrepreneur, et l'estampille délivrée par l'administration des contributions indirectes ; dans l'intérieur elle doit porter l'indication du nombre de places qu'elle contient. Les propriétaires ne peuvent y admettre un plus grand nombre de voyageurs que celui que porte la susdite indication. Les contraventions sont constatées par les employés des contributions indirectes.

Les entrepreneurs de voitures publiques doivent tenir registre des noms des voyageurs ; ils doivent également enregistrer les ballots et paquets. Copie de cet enregistrement est remise aux conducteurs, qui ne peuvent prendre de voyageurs en route sans en faire mention sur la feuille qui leur a été remise au départ.

Le roulage peut être interrompu momentanément, pendant les jours de dégel sur les chaussées pavées, d'après l'ordonnance du préfet du département. Les arrêtés pris à cet effet sont immédiatement adressés aux maires des communes traversées par la route, lesquels en conséquence ordonnent la fermeture des barrières de dégel, et veillent à ce qu'aucune voiture ne puisse sortir de la ville, bourg ou village dans lequel elles se trouvent. Dans le cas où il ne se trouve point d'auberge dans lesdits endroits, les maires permettent aux conducteurs de poursuivre leur route jusqu'à la couchée ordinaire ou tout autre lieu voisin désigné.

Dans ce cas, les conducteurs sont munis d'un laissez-passer.

Toute voiture prise en contravention est arrêtée, et les chevaux mis en fourrière dans l'auberge la plus voisine.

Peuvent circuler librement sur les routes pendant la fermeture des barrières de dégel :

Les courriers de malle ;

Les voitures non chargées ;

Les voitures de voyage suspendues, étrangères à toute entreprise publique de messageries.

Le voiturier ou conducteur pris en contravention pour excédant de poids, ne peut continuer sa route qu'après avoir déchargé sa voiture de cet excédant et avoir payé les dommages-intérêts. Jusque-là les chevaux sont tenus en fourrière à ses frais, à moins qu'il ne donne caution.

Les voitures dont les jantes n'ont pas la largeur prescrite, sont arrêtées au premier pont à bascule où la contravention est constatée : si ce pont est placé aux portes d'une ville, les roues sont brisées d'après un arrêté du sous-préfet ; si le pont est placé dans un lieu isolé, le voiturier en déposant les dommages fixés entre les mains du préposé, peut continuer sa route, mais seulement jusqu'à la ville la plus voisine qui lui est désignée par un passe-avant délivré par ledit préposé. Dans cette ville, les roues sont brisées comme il vient d'être dit.

Les contraventions relatives au poids des voitures sont punies d'une amende de 25 à 300 fr.

Celles relatives à la longueur des essieux sont punies d'une amende de 15 fr.

Toute insulte ou mauvais traitement envers les préposés au service des ponts à bascule, est punie d'une amende de 100 fr., sauf les dommages-intérêts et les poursuites extraordinaires s'il y a lieu.

CHAPITRE XIX.

Des Eaux en général.

Les eaux se présentent sous deux formes différentes : *courantes* ou en *repos.*

Courantes, leur cours est naturel ou artificiel.

Les fleuves, les rivières, les torrens et ruisseaux ont un cours naturel ;

Les aqueducs, les canaux ont un cours artificiel ;

Les lacs, étangs, marais, forment des bassins où l'eau est en repos.

Les simples sources d'eaux qui ne sont encore qu'une propriété privée n'entrent point dans la matière du droit administratif.

Les eaux pluviales ne sont l'objet de ce droit qu'autant qu'elles s'écoulent sur la voie publique ou qu'elles peuvent donner lieu à des inconvéniens qui appellent des mesures de police.

La législation sur les matières d'eaux embrasse deux objets : 1° les fleuves et rivières navigables et flottables ; 2° les cours d'eaux qui ne sont ni navigables ni flottables. Dans la première de ces deux branches, cette législation se lie étroitement à celle de la voirie ; en effet, les fleuves et rivières navigables et flottables sont de véritables voies publiques ; mais indépendamment des services que peuvent rendre les eaux courantes comme moyens de communications , transports et approvisionnemens , elles sont en outre utiles et nécessaires à tous les citoyens sous beaucoup d'autres points de vue. Ainsi, sous le rapport de l'industrie, elles offrent un genre de moteur économique, continu, naturel et puissant ; sous le rapport de l'intérêt de l'agriculture, elles offrent un moyen d'irrigation et de fertilisation ; sous le rapport de la pêche, elles forment les réservoirs du poisson.

Attendu les immenses avantages que les eaux peuvent produire, elles appellent toute l'attention de l'administration ; mais elles l'appellent encore bien davantage à cause des inconvéniens qu'elles peuvent faire naître ; c'est pour cela qu'elle ordonne et surveille les ouvrages d'art construits sur les cours d'eaux , tels que les écluses ; les déversoirs ; ensuite les eaux par leur stagnation ou par leur course trop rapide, peuvent tantôt produire des exhalaisons malfaisantes, tantôt menacer les champs d'inondation, ce qui exige encore au plus haut point la surveillance de l'administration dans l'intérêt de tous.

Dans cet intérêt général, l'administration est chargée de rechercher et d'indiquer les moyens de procurer le libre cours des eaux ; d'empêcher que les prairies ne soient submergées par la trop grande élévation des écluses des moulins et par les autres ouvrages d'art établis sur les rivières; de diriger autant que possible toutes les eaux du territoire vers un but d'utilité générale.

CHAPITRE XX.

Des Fleuves et Rivières navigables et flottables.

Les fleuves et rivières navigables et flottables sont les eaux courantes où la navigation et le flottage ont lieu de temps immémorial ; elles font essentiellement partie du domaine public, d'où il suit que l'administration en a la police et qu'elle seule peut faire les réglemens[1] qui s'y rapportent ; ainsi, à l'administration appartient exclusivement le droit d'autoriser l'établissement des moulins et usines, sous les conditions, ouvrages et avec les réglemens qu'il lui plaît de fixer de manière à concilier l'exercice de ce droit avec les droits et les intérêts des propriétaires riverains et l'avantage de la navigation, du commerce et de l'industrie.

La pêche fluviale appartenant au domaine public, l'administration en a la police, et elle réunit aux diverses vues d'utilité générale, l'intérêt de la conservation du poisson.

---

[1] On appelle *réglemens de police*, ceux qui sont distinctement relatifs aux choses qui peuvent être regardées comme communes à tous, soit par leur nature, soit par leur destination, soit enfin parce que tous ont le droit et le besoin d'en user.

Elle est encore chargée de la conservation des rivières et de la direction et confection des canaux.

Comme nous l'avons dit au commencement de ce chapitre, le caractère qui constitue la navigabilité peut résulter d'un fait authentique et notoire, lorsque le flottage a lieu de temps immémorial.

Quelquefois, ce caractère existe simplement en droit : ainsi, des ordonnances royales déterminent les portions de fleuves et rivières, canaux et contre-fossés navigables et flottables avec bateaux, trains et radeaux, et dont l'entretien est à la charge de l'état.

SECTION PREMIÈRE.

Des Canaux.

On distingue trois espèces de canaux : des canaux de navigation, des canaux d'irrigation et des canaux de dessèchement.

Les canaux de navigation sont assimilés aux fleuves et rivières navigables et flottables.

Les canaux dérivés des rivières navigables sont soumis au même régime que ces rivières ; c'est l'administration qui autorise leur ouverture, ordonne la construction des barrages à leur origine, et prescrit le mode de leur entretien.

Les canaux d'irrigation et d'arrosement sont autorisés par l'administration et elle en règle le régime.

SECTION DEUXIÈME.

Des Moulins, Usines et autres ouvrages d'art.

Ces sortes d'ouvrages ne peuvent être construits sur les fleuves et rivières navigables ou flottables sans l'intervention et l'autorisation de l'administration publique ;

1° Parce que cette autorisation comprend une concession du domaine public ;

2° Parce qu'il faut que ces sortes d'ouvrages soient construits de manière à ne pas nuire aux intérêts de la navigation.

Ainsi, nul ne peut faire de moulins, batardeaux [1], écluses, pertuis [2], mur, plants d'arbres, amas de pierres ou de terres, ni autres édifices ou empêchemens nuisibles au cours des eaux, dans les fleuves et rivières navigables ou flottables, à peine d'enlèvement aux frais de ceux qui les ont faits, et de 500 fr. d'amende.

Ceux qui ont fait bâtir des moulins, écluses ou autres édifices dans l'étendue des fleuves et rivières

---

[1] *Batardeau.* C'est une espèce de digue faite d'un double rang de pieux, joint par des planches, et dont l'intervalle est rempli de terre ; on s'en sert pour détourner l'eau d'une rivière.

[2] *Pertuis.* C'est un passage étroit pratiqué dans une rivière, aux endroits où elle est basse, pour en augmenter l'eau, afin de faciliter la navigation des bateaux qui montent et qui descendent.

navigables et flottables, sans en avoir obtenu la permission, sont tenus de les démolir; sinon, la démolition a lieu à leurs frais.

Sont punis comme usurpateurs, et les choses réparées à leurs dépens, ceux qui ont détourné le
cours des rivières navigables et flottables, ou en
ont affaibli le cours par des tranchées, canaux, etc.

Les préfets font procéder par les ingénieurs des
ponts et chaussées à la visite de toutes les constructions faites sur les rivières navigables et flottables,
et sur le rapport de ces derniers, ils ordonnent la
destruction de toutes celles qui sont reconnues
dangereuses ou nuisibles au libre cours des eaux.

Ils veillent à ce qu'il ne soit établi aucun ouvrage,
à ce qu'il ne soit fait aucune saignée ou prise d'eau
pour l'irrigation des terres, sans avoir obtenu au
préalable la permission.

Toute personne qui veut former un établissement
quelconque, de la nature de ceux dont il vient
d'être parlé, doit adresser sa demande motivée au
préfet du département; le préfet examine la pétition
et la renvoie au maire de la commune, à l'ingénieur
de l'arrondissement et à l'inspecteur de la navigation. Le maire examine les convenances locales et
l'intérêt des propriétaires riverains, et afin d'obtenir à cet égard tous les renseignemens nécessaires,
il fait afficher la pétition à la porte de la maison
commune pendant quinze jours, avec invitation
aux citoyens de faire leurs observations pendant

ledit délai ou au plus tard dans les trois jours de l'expiration de l'affiche. Le maire forme alors son avis.

L'ingénieur examine, par les règles de l'art, les avantages comme les désavantages de l'établissement à former, il s'aide des observations de l'inspecteur de la navigation, et il fait du tout un plan qu'il joint à son rapport.

Ces formalités remplies, l'ordonnance royale intervient :

Elle enjoint aux ingénieurs l'obligation de surveiller l'exécution des travaux ;

Au concessionnaire, après les travaux achevés, de faire constater l'état par un rapport de l'ingénieur.

Enfin, elle contient la clause expresse qu'en cas que le gouvernement ordonne des mesures qui, dans l'intérêt de la navigation, nuiraient à la prospérité de l'établissement, le concessionnaire ne pourra prétendre à aucune indemnité.

Lorsque, par suite de l'établissement légal d'une usine, des tiers se trouvent lésés, leur opposition à l'ordonnance doit être suivie par la voie contentieuse.

SECTION TROISIÈME.

De la Servitude des chemins de halage et du marche-pied.

Le marche-pied le long des rivières navigables

ou flottables, fait partie des servitudes publiques.

Ainsi, les propriétaires des héritages aboutissant aux rivières navigables doivent laisser le long des bords, vingt-quatre pieds au moins, pour chemin et trait de chevaux, sans qu'ils puissent planter d'arbres et haies plus près de trente pieds du côté que les bateaux se retirent, et dix pieds de l'autre bord, sous peine de confiscation des arbres et haies et d'une amende de 500 fr.

Cette règle s'applique aux rivières où la navigation vient à s'établir, sauf à donner aux riverains une indemnité préalable à la perte qu'ils éprouvent.

Si le service n'en souffre pas, l'administration peut restreindre la largeur des chemins de halage.

CHAPITRE XXI.

Des Cours d'eau qui ne sont ni navigables ni flottables.

Les rivières non navigables ni flottables, ou petites rivières, appartenaient autrefois aux seigneurs. Depuis l'abolition de la féodalité, la loi n'a point statué sur leur propriété, mais elles sont considérées comme propriétés publiques, et l'usage en est subordonné à l'intérêt général.

De là il résulte que les riverains de ces rivières ne sont pas propriétaires de leurs cours et qu'ils ont seulement le droit d'en user. (C. C. , art. 664.)

Il résulte encore que c'est l'administration qui règle entre les riverains la faculté que chacun peut avoir d'y faire des prises d'eaux.

Voilà pour les droits riverains.

Mais comme le gouvernement a l'administration de ces rivières, il doit prendre des mesures pour prévenir les dégradations, pour maintenir la largeur, même l'augmenter, si l'intérêt public l'exige ; pour modérer ou accélérer, suivant les circonstances, la rapidité des eaux ; enfin, pour empêcher que les héritages riverains soient dégradés ou inondés par la trop grande élévation des digues.

De là il suit que l'établissement de moulins et usines sur les cours d'eaux qui ne sont ni navigables ni flottables, doit être préalablement autorisé par le Roi sur le rapport du ministre de l'intérieur, d'après l'avis du préfet. (Remarquez cependant que l'autorisation est simplement une mesure de police, et qu'il ne s'agit point ici d'une concession du domaine public.)

Sur l'avis du sous-préfet, le préfet fixe la hauteur des eaux, pour les déversoirs des usines, de manière à ce qu'elle ne puisse nuire à aucune propriété.

Les contraventions aux réglemens administratifs sur cette matière, sont assimilées aux contraventions en matière de petite voirie; en conséquence, les tribunaux de police municipale et de police correctionnelle sont compétens; mais les contestations qui intéressent les propriétaires, sont portées devant les tribunaux civils.

Il est pourvu au curage des canaux et rivières non navigables, de la manière prescrite par les usages des lieux.

Lorsque l'exécution du mode consacré par l'usage éprouve des difficultés, ou lorsque les changemens nécessitent des mesures nouvelles, il y est pourvu, par le gouvernement, dans un réglement d'administration publique rendu sur la proposition du préfet du département.

CHAPITRE XXII.

Des Sociétés anonymes et des Compagnies financières.

———

Certaines entreprises commerciales ont besoin de trouver dans l'intervention de l'administration une certaine garantie que le public est en droit de leur demander.

Cette intervention est nécessaire aux sociétés anonymes [1]; aussi l'autorisation n'est-elle donnée qu'autant que leur but, leurs moyens de succès, les capitaux qui doivent la composer, peuvent les faire considérer comme entreprises utiles; on pouvait craindre en effet les piéges tendus à la crédulité publique.

L'autorisation royale accordée aux *compagnies financières* [2], n'est rien autre chose que l'exercice

[1] On appelle cette société *anonyme*, parce qu'elle ne porte le nom d'aucun des associés, et qu'au lieu d'être connue comme les autres sociétés, par une raison sociale, elle n'est désignée et connue que par son objet.

[2] Les compagnies financières sont des associations ayant pour objet, ou une caisse d'escompte, ou les assurances sur la vie, et en

de la surveillance suprême, dans l'intérêt social ; mais elle ne confère pas un privilége exclusif, encore moins un droit de propriété. D'où il suit que cette autorisation peut être retirée.

L'autorisation donnée à la société anonyme a pour but de certifier au public, la vérification des bases sociales, et l'existence des moyens annoncés, moyens reconnus être en rapport avec l'entreprise, ensuite qu'un examen a été fait de la moralité et de la convenance de l'administration sociale.

Les formes à suivre pour obtenir l'autorisation royale sont les suivantes : la pétition doit être adressée au préfet du département, et à Paris au préfet de police ; la pétition contient la désignation de l'affaire que la société veut entreprendre, la durée, le montant du capital, le mode d'administration, etc. ; le préfet prend toutes les informations nécessaires, donne son avis sur l'utilité de l'affaire ; les pièces et l'avis du préfet sont adressés au ministre de l'intérieur, qui soumet la proposition au Roi en conseil d'état ; il est statué sur l'admission ou le rejet : l'autorisation accordée, il ne peut plus rien être changé aux bases de la société, sans autorisation nouvelle.

Nous remarquerons, en passant, une différence essentielle entre les entreprises financières nom-

général toutes les associations, dont le fond capital repose sur des actions au porteur, ou sur des effets négociables, ou sur des inscriptions sur un livre, transmissibles à volonté.

mées *tontines*, et celles qui ont pour objet l'assu-rance de la vie humaine : les premières invitent à spéculer sur l'espoir de survivre à ceux auxquels on s'associe ; les secondes , au contraire , offrent le moyen de constituer, après soi, avec le fruit de ses économies , un capital aux personnes dont on veut faire le bien.

Aucune association de celles dont nous avons parlé en la note précédente ne peut être établie sans une autorisation du gouvernement.

Cette autorisation est accordée par le Roi , en conseil d'état, sur le rapport du ministre de l'inté-rieur ; et remarquez que le gouvernement n'admet pas de simples projets , n'autorise pas de simples prospectus ; il n'attache son approbation qu'à des sociétés réelles , formées par actes publics et qui ont déjà réuni une masse suffisante de souscrip-teurs.

Les sociétés dont les spéculations portent sur des événemens incertains , telles que les sociétés d'assurances maritimes , doivent exprimer dans leurs statuts le *maximum* de chaque assurance.

L'assurance sur la vie d'une personne ne peut avoir lieu sans son consentement.

CHAPITRE XXIII.

De la Police rurale.

La police rurale est essentiellement chargée de veiller à la conservation des fruits de la terre.

L'administration y concourt en faisant des réglemens qui prescrivent, interdisent ou prévoient.

Les agens de l'administration constatent les délits et contraventions, et livrent les auteurs à l'autorité judiciaire.

La police rurale appartient spécialement à la juridiction des juges de paix et des autorités municipales ; elle est sous la surveillance des gardes-champêtres et de la gendarmerie.

SECTION PREMIÈRE.

Des Droits de vaine pâture.

Le droit de vaine pâture est celui de mener ses bestiaux paître dans certains endroits désignés par les réglemens ruraux, tels que les grands chemins, les prés après la dépouille, les terres en friche, les chaumes après un temps qui est réglé par les usages locaux, et généralement tous les héritages où il n'y a ni semences ni fruits , et qui ne sont pas en défense.

Ce droit ne peut exister que dans les communes où il est fondé sur un titre particulier ou sur l'usage immémorial , à la charge qu'il sera exercé suivant les usages locaux et sans contrarier les réserves portées par la loi.

Dans les pays de vaine pâture soumis à l'usage du troupeau en commun , il est loisible à tout propriétaire de renoncer à cette communauté et faire garder ses troupeaux par un berger particulier, pourvu que le nombre des têtes de bétail soit proportionné à l'étendue des terres qu'il exploite.

La quantité du bétail proportionnellement à l'étendue du terrain, est fixée à tant de têtes par arpent, suivant l'usage des lieux. Néanmoins, un chef de famille qui ne serait ni propriétaire, ni fermier de terres de la commune qu'il habite, ou qui n'aurait pas assez de terrain pour jouir du droit de vaine pâture, pourrait faire paître, soit en commun soit séparément, six bêtes à laine et une vache avec son veau, sur les terres communales sans préjudice des plus grands avantages que peuvent lui accorder les lois ou usages locaux.

Les propriétaires non domiciliés dans les communes soumises à la vaine pâture où ils exploitent, peuvent mettre dans le troupeau commun où faire

garder séparément leurs troupeaux proportionnellement au terrain dont ils sont propriétaires.

SECTION DEUXIÈME.

De la Chasse.

La chasse comprend les moyens de s'emparer
des animaux sauvages par ruse, adresse ou force.
C'est un attribut du droit de propriété.

Les contestations relatives à la chasse ainsi que
la répression des contraventions et délits sont du
domaine de l'autorité judiciaire, et l'administration
fait les réglemens et surveille.

Il est défendu de chasser sans permission sur le
terrain d'autrui sous peine d'une amende de 20 fr.
envers la commune et d'une indemnité de 10 fr.
envers le propriétaire, sans préjudice de plus am-
ples dommages-intérêts s'il y a lieu.

Défenses sont faites aux propriétaires eux-mêmes,
sous peine de ladite amende, de chasser dans leurs
terres non closes, jusqu'à la récolte entière des
fruits.

L'ouverture de la chasse est fixée annuellement
dans chaque département par le préfet, sauf le
droit des maires des communes, de la retarder si
la moisson n'est assez avancée.

Les propriétaires ou possesseurs peuvent chasser
en tous temps dans leurs lacs et étangs et dans leurs

possessions qui sont séparées des héritages d'autrui par des murs ou haies vives. Ils peuvent encore, même en temps prohibé, chasser dans leurs bois et forêts, mais sans chiens courans.

Il est pareillement libre en tous temps aux propriétaires et même aux fermiers de détruire le gibier dans leurs récoltes non closes, en se servant de filets ou autres engins qui ne peuvent nuire aux fruits de la terre, comme aussi de repousser par des armes à feu les bêtes fauves qui se répandent dans lesdites récoltes.

On conçoit que le propriétaire n'a pas besoin de permission pour chasser sur ses terres, mais les tiers en ont besoin pour exercer cette faculté sur le terrain d'autrui; néanmoins nul ne peut chasser soit sur ses propres terres, soit sur celles des autres, sans un permis de port d'armes, sous peine d'être traduit devant les tribunaux pour être désarmé et condamné à une amende de 30 fr. à 60 fr. Les délinquans sont poursuivis par la gendarmerie, les gardes-champêtres et tous officiers de police.

Les permis de port d'armes ne sont valables que pour un an à dater du jour de leur délivrance. Le prix est fixé à 15 fr.

SECTION TROISIÈME.

De la Destruction des loups.

Il est accordé à tout individu une prime de 50 fr.

par chaque tête de louve pleine, 40 fr. par chaque tête de loup, et 20 fr. par chaque tête de louveteau; enfin une prime de 150 fr. est accordée à celui qui tue un loup enragé, lorsqu'il prouve que l'animal s'est jeté sur des hommes ou sur des enfans.

Tous les trois mois, ou plus souvent s'il est nécessaire, il est fait dans les forêts de l'état et dans les campagnes des chasses aux loups, renards, blaireaux et autres animaux nuisibles.

SECTION QUATRIÈME.

De l'Échenillage des arbres.

Les propriétaires, fermiers, locataires ou autres faisant valoir leurs héritages ou ceux d'autrui, sont tenus de faire écheniller les arbres desdits héritages, sous peine d'une amende de trois à dix journées de travail.

Les maires des communes sont tenus de faire exécuter cette disposition, et ils sont responsables des négligences.

Les préfets sont tenus de faire écheniller les arbres étant sur les domaines non affermés de l'état.

SECTION CINQUIÈME.

Des Récoltes.

Il est enjoint à l'autorité municipale de faire serrer la récolte d'un cultivateur absent ou malade, aux moindres frais possible, et les ouvriers employés à cet effet sont payés par ce cultivateur.

Il est permis à chaque propriétaire de faire sa récolte de quelque nature qu'elle soit, avec les instrumens qu'il juge convenables, et au moment qu'il lui plaît, pourvu qu'il ne nuise point aux propriétaires voisins.

Cependant dans les pays où le ban de vendanges [1] est en usage, il peut être fait, à cet égard, un réglement chaque année par le conseil municipal, mais seulement pour les vignes non closes.

Les réclamations qui peuvent s'élever contre ce réglement sont portées devant le préfet, qui statue sur l'avis du sous-préfet.

Les glaneurs, rateleurs et grapilleurs, ne peuvent entrer dans les champs, prés et vignes, qu'après l'enlèvement entier des fruits et en se conformant aux usages locaux établis dans l'intérêt des propriétaires.

En cas de contravention, les produits du glanage, ratelage ou grapillage, sont confisqués, sans préjudice d'autres peines s'il y a lieu.

---

[1] Le *ban de vendanges* est la publication faite de la permission accordée à tous particuliers de faire couper leurs raisins.

Le ban établi pour l'ouverture des vendanges est fondé sur deux raisons : l'une pour empêcher des gens ignorans, ou pressés par la nécessité, de faire recueillir les raisins avant leur maturité, et d'en faire de mauvais vins ; l'autre pour empêcher que ceux qui vendangent n'exposent au pillage les vignes de leurs voisins.

CHAPITRE XXIV.

Du Domaine public.

Le domaine public est celui qui n'est pas susceptible d'une propriété privée (Cod. civ., art. 538). Il ne faut pas le confondre avec le *domaine de la couronne*, qui dépend de la liste civile et qui est affecté au maintien et à la splendeur du trône. Il ne faut pas le confondre non plus avec le *domaine de l'état*, qui se compose des biens qui adviennent à l'état par voie de déshérence, des biens que l'état acquiert comme héritier à défaut d'héritiers du sang et d'époux survivant, des biens qui cessent d'être du domaine public, etc.

Le domaine public se compose de ce qui sert à l'usage public et commun et ne peut être la propriété exclusive de personne, comme les chemins, routes et rues, les fleuves et rivières navigables ou flottables, les rivages lais et relais de la mer, les ports, les havres, les rades et en général toutes les portions du territoire qui ne sont pas susceptibles d'une propriété privée : dans ce sens, le domaine public est inaliénable, en conséquence il est im-prescriptible.

Il est cependant des cas où les choses placées par la loi dans le domaine public peuvent devenir propriété privée, et, par conséquent, entrer dans le commerce : ainsi, on ouvre une nouvelle route et on renonce à l'ancienne, dont le terrain devient aliénable, parce que cette ancienne route n'est plus destinée à un usage public. Ainsi encore, le ministre de la guerre déclare que telle ville cesse d'être place de guerre, et il remet les bâtimens militaires et les terrains des fortifications à l'administration des domaines pour être vendus.

Par ces changemens de destination, ces parties du domaine public entrent dans le domaine de l'état.

En résumé, les biens du domaine public diffèrent des biens du domaine de l'état, à cause de leur destination et de leur usage actuel, et parce que, en tant que jouis et possédés par le public, ils ne sont pas susceptibles d'une propriété privée.

Les règles qui concernent la gestion des biens de l'état ont pour but la conservation du patrimoine public et sont imitées de celles qui régissent l'administration des biens des mineurs ; elles sont assimilées, sous ce rapport, à celles qui gouvernent les établissemens publics.

Ainsi, l'administration ne peut régir par elle-même les biens du domaine ; elle est tenue de les affermer.

(141)

Les baux sont annoncés un mois d'avance par des publications et affiches, et l'adjudication est indiquée un jour de marché avec le lieu et l'heure où elle se fera, et il y est procédé publiquement devant l'autorité départementale ou municipale, à la chaleur des enchères.

A l'entrée en jouissance, il est procédé par experts à la visite des objets affermés, à l'estimation du bétail et à l'inventaire du mobilier, et les frais de ces opérations sont à la charge du fermier, qui ne peut prétendre à aucune indemnité ou diminution du prix du bail même pour inondation, grêle, etc.

L'adjudicataire est tenu de fournir une caution dans les huit jours qui suivent l'adjudication, à défaut de quoi il est procédé à un nouveau bail à sa folle enchère.

Ainsi encore, les actions du domaine sont intentées ou soutenues au nom du préfet, et c'est contre lui que les particuliers sont tenus de diriger les actions qui leur compètent contre l'état.

Dans toutes les affaires qui intéressent le domaine, le ministère public doit être entendu, et à cet effet, le préfet lui adresse des mémoires contenant les moyens de défense de l'état.

Les demandes qui intéressent le domaine sont dispensées du préliminaire de la conciliation.

———

CHAPITRE XXV.

Du Régime forestier.

Avant de commencer, il est important de remarquer que le Code forestier n'appartient au droit administratif que dans les dispositions qui confèrent quelques droits ou imposent quelques devoirs à l'administration. Les autres sont du domaine de l'ordre judiciaire.

Les bois et forêts renferment un approvisionnement de première nécessité pour la société tout entière. Il faut que cet approvisionnement satisfasse aux besoins du chauffage, aux demandes des usines, aux constructions de tous genres, aux divers services publics et notamment à la marine.

D'après cela, il est important de veiller à la conservation de la richesse forestière, d'autant plus que sa perte ne pourrait être réparée que dans un très long espace de temps. De là naissent les mesures prises pour la conservation des bois et les différentes servitudes imposées à la propriété privée relativement à l'exploitation.

Le Code forestier classe les propriétés forestières

suivant qu'elles sont ou ne sont pas soumises au régime forestier : ainsi, sont soumis au régime forestier, et seront administrés conformément aux dispositions de ce Code :

1° Les bois et forêts qui font partie du domaine de l'état ;

2° Ceux qui font partie du domaine de la couronne ;

3° Ceux qui sont possédés à titre d'apanage et de majorats reversibles sur l'état ;

4° Les bois et forêts des communes et des sections de communes ;

5° Ceux des établissemens publics ;

6° Les bois et forêts dans lesquels l'état, la couronne, les communes ou les établissemens publics, ont des droits de propriété indivis avec les particuliers.

Les autres propriétés forestières ne sont point soumises au régime forestier ; en conséquence, les particuliers exercent sur leurs bois tous les droits résultant de la propriété, sauf les restrictions spécifiées dans le Code forestier.

SECTION PREMIÈRE.

Des Prohibitions.

Certaines prohibitions ont paru nécessaires pour garantir la conservation des bois et forêts soumis au régime forestier : ainsi, il est défendu d'établir des fours à chaux ou à plâtre , des briqueteries et tuileries , dans l'intérieur et à moins d'un kilomètre des forêts, sans l'autorisation du gouvernement, à peine d'une amende de 100 à 500 fr.

Il ne peut être établi , sans l'autorisation du gouvernement, sous quelque prétexte que ce soit , aucune loge, baraque ou hangar, dans l'enceinte et à moins d'un kilomètre des bois et forêts, sous peine de 50 fr. d'amende et de la démolition dans le mois à dater du jour du jugement qui l'aura ordonnée.

Aucune construction de maisons ou fermes ne pourra être effectuée, sans ladite autorisation, à la distance de 500 mètres des bois et forêts soumis au régime forestier, sous peine de démolition.

Il n'y aura point lieu à démolition des maisons et fermes actuellement existantes : elles pourront être réparées, reconstruites et augmentées sans autorisation.

Nul individu habitant les maisons ou fermes actuellement existantes dans le rayon ci-dessus fixé ; ou dont la construction aurait été autorisée , ne pourra établir dans lesdites maisons ou fermes aucun atelier à façonner le bois , aucun chantier ou magasin pour faire le commerce de bois, sans la permmission spéciale du gouvernement, à peine de 500 fr. d'amende et de la confiscation des bois ; et lorsque ceux qui auront obtenu cette permission auront subi une condamnation pour délits forestiers, le gouvernement pourra leur retirer ladite permission.

Les usines, hangars et autres établissemens seront soumis à la visite des agens et gardes forestiers qui pourront y faire toutes perquisitions sans l'assistance d'un officier public, pourvu qu'ils se présentent au nombre de deux au moins, ou que l'agent ou le garde soit accompagné de deux témoins domiciliés dans la commune.

SECTION DEUXIÈME.

De la séparation entre les bois et forêts de l'état et les propriétés riveraines.

La séparation entre les bois et forêts de l'état et les propriétés riveraines peut être requise, soit par l'administration elle-même, soit par les propriétaires riverains, et le bornage peut être provoqué soit par les propriétaires riverains, soit par l'administration.

Lorsque la séparation est effectuée par un simple bornage, il est fait à frais communs; lorsqu'elle est effectuée par des fossés de clôture, ils sont exécutés aux frais de la partie requérante et pris en entier sur son terrain.

SECTION TROISIÈME.

De l'Aménagement.

L'aménagement a pour objet de déterminer les époques des coupes.

Tous les bois et forêts des domaines de l'état sont assujétis à un aménagemtnt réglé par des ordonnances royales.

Il ne peut être fait dans les bois de l'état aucune coupe extraordinaire quelconque, ni aucune coupe de massifs réservés par l'aménagement, pour croître en futaie, sans une ordonnance spéciale du Roi, à peine de nullité des ventes, sauf le recours des adjudicataires, s'il y a lieu, contre les fonctionnaires ou agens qui ont ordonné ou autorisé ces coupes. Cette ordonnance est insérée au *Bulletin des Lois*.

Les aménagemens sont réglés principalement dans l'intérêt des produits et de l'éducation des futaies ; en conséquence, l'administration recherche les forêts et parties de forêts qui peuvent être réservées pour croître en futaie, et elle en propose l'aménagement en indiquant celles ou le mode d'exploitation, par éclaircie, peut être le plus avantageusement employé.

Pour toutes les forêts qui sont aménagées à l'avenir, l'âge de la coupe des taillis est fixé à vingt-cinq ans au moins, et il n'y a d'exception à cette règle que pour les forêts dont les essences dominantes sont le chataignier et les bois blancs, ou qui sont situés sur des terrains de la dernière qualité.

Lors de l'exploitation des taillis, il est réservé cinquante balivaux de l'âge de la coupe, par hectare. Les balivaux modernes et anciens ne peuvent être abattus qu'autant qu'ils sont dépérissans, ou hors d'état de prospérer jusqu'à une nouvelle révolution.

Sont considérées comme coupes extraordinaires et ne peuvent, en conséquence, être effectuées qu'en vertu d'ordonnances spéciales du Roi : celles qui intervertissent l'ordre établi par l'aménagement ou par l'usage établi dans les forêts dont l'aménagement n'a pu être encore réglé, toutes les coupes par anticipation et celles des bois ou portions de bois mis en réserve pour croître en futaie et dont le terme d'exploitation n'a pas été fixé par l'ordonnance d'aménagement.

SECTION QUATRIÈME.

Des adjudications des coupes.

Comme les coupes sont une portion considérable des revenus de l'état, il est nécessaire d'en retirer le plus grand produit et de les placer à l'abri de la fraude, de la connivence et de l'erreur. De là les règles suivantes :

Aucune vente ordinaire ou extraordinaire ne peut

avoir lieu dans les bois de l'état que par voie d'adjudication publique, laquelle doit être annoncée au moins quinze jours d'avance par des affiches apposées dans le chef-lieu du département, dans le lieu de la vente, dans la commune de la situation des bois et dans les communes environnantes.

Toute association secrète ou manœuvre entre les marchands de bois ou autres, tendant à nuire aux enchères, à les troubler ou à obtenir des bois à plus bas prix, donne lieu à un emprisonnement de quinze jours au moins et trois mois au plus, et à une amende de 100 fr. au moins et 5,000 fr. au plus; et si l'adjudication est faite au profit de l'association secrète ou des auteurs desdites manœuvres, elle est déclarée nulle.

SECTION CINQUIÈME.

Des Exploitations.

Les bois sont vendus sur pied; par conséquent, il est nécessaire de prévenir les abus et dommages que pourraient occasioner les travaux de l'exploitation, il faut aussi s'assurer que l'adjudicataire ne prend que la partie de bois qui lui est acquise. Il suit de là:

Qu'après l'adjudication il ne peut être fait aucun changement à l'assiette des coupes et qu'il ne peut y être ajouté aucun arbre ou portion de bois sous quelque prétexte que ce soit;

(149)

Que les adjudicataires ne peuvent commencer l'exploitation de leurs coupes, qu'après avoir obtenu, par écrit, de l'agent forestier local, le permis d'exploiter;

Qu'ils sont tenus de respecter tous les arbres marqués ou désignés pour demeurer en réserve;

Qu'ils ne peuvent effectuer aucune coupe ni enlèvement de bois avant le lever ni après le coucher du soleil.

SECTION SIXIÈME.

Des Bois des particuliers.

Les propriétaires qui veulent avoir, pour la conservation de leurs bois, des gardes particuliers, doivent les faire agréer par le sous-préfet de l'arrondissement. Ces gardes ne peuvent exercer leurs fonctions qu'après avoir prêté serment devant le tribunal de première instance.

Pendant vingt ans à compter de la promulgation du Code forestier (promul. le 31 juill. 1827), aucun particulier ne peut arracher, ni défricher ses bois qu'après en avoir fait préalablement la déclaration à la sous-préfecture au moins six mois d'avance, durant lesquels, l'administration peut faire signifier au propriétaire son opposition au défrichement.

En cas d'opposition signifiée au propriétaire, s'il a défriché, il est condamné à une amende calculée à raison de 5oo fr. au moins et 1,5oo fr. au plus par hectare de bois défriché, et en outre à rétablir les lieux en nature de bois, dans le délai qui est fixé par le jugement et qui ne peut excéder trois ans.

Sont exceptés 1° les jeunes bois, pendant les vingt premières années après leur semis ou plantation ;

2° Les parcs ou jardins clos et attenant aux habitations ;

3° Les bois non clos d'une étendue au-dessous de quatre hectares.

SECTION SEPTIÈME.

Des Bois destinés au service de la marine.

La législation ancienne accordait à la marine le droit de choix et de martelage sur tous les bois de l'état, des communes et des particuliers, que le propriétaire destinait à être abattus. La législation nouvelle a fait, à cet égard, une distinction : le droit subsiste d'une manière permanente à l'égard des forêts et bois soumis au régime forestier ; il est temporaire à l'égard des bois des particuliers, sauf à en prolonger l'exercice si les circonstances le demandent.

Ainsi, dans tous les bois soumis au régime forestier, lorsque les coupes doivent y avoir lieu, le département de la marine peut faire choisir et mar-

teler par ses agens les arbres propres aux constructions navales parmi ceux qui n'ont pas été marqués
en réserve par les agens forestiers.

Les arbres marqués pour la marine sont compris
dans les adjudications et livrés, par les adjudicataires, à la marine.

Pendant dix ans à compter de la promulgation
du Code forestier, le département de la marine
exerce le droit de choix et de martelage sur les bois
des particuliers : ce droit ne peut être exercé que
sur les arbres en essence de chêne qui sont destinés
à être coupés, et dont la circonférence, mesurée
à un mètre du sol, est de quinze décimètres au
moins.

Les adjudicataires des bois soumis au régime forestier, les maires des commnnes, les administrateurs des établissemens publics, et les particuliers
traitent de gré à gré du prix de leurs bois avec la
marine. — En cas de contestation, le prix est réglé par experts nommés contradictoirement, et, s'il
y a partage entre les experts, il en est nommé un
d'office par le président du tribunal de première
instance, à la requête de la partie la plus diligente ;
les frais de l'expertise sont supportés en commun.

CHAPITRE XXVI.

Contributions directes et indirectes.

Les contributions sont des prestations individuelles pour la dépense des services d'utilité générale. Elles sont fondées sur l'obligation imposée à chaque citoyen de concourir aux services dont il recueille les fruits.

On distingue deux sortes de contributions : les contributions *directes* et les contributions *indirectes*.

Les contributions directes sont celles qui se perçoivent annuellement, en vertu de rôles nominatifs;

Les contributions indirectes sont celles qui se perçoivent sur les marchandises et denrées, en vertu de tarifs.

Les contributions directes et les contributions indirectes ont cela de commun qu'elles ne peuvent être établies que par une loi, d'où il suit que les administrations locales n'ont le pouvoir d'établir aucune contribution directe ou indirecte, même pour subvenir aux besoins les plus urgens des localités.

Elles ont encore cela de commun que le recouvrement s'en poursuit par voie de contrainte.

Mais elles diffèrent en ce que les contestations relatives aux contributions indirectes sont de la compétence des tribunaux de première instance, qui les jugent en dernier ressort, sauf recours en cassation; au lieu que celles relatives à l'assiette, à la perception et au recouvrement des contributions directes, sont attribuées à l'autorité administrative.

Nous diviserons ce chapitre en deux sections : dans la première, nous parlerons des contributions directes; dans la seconde, nous nous occuperons des contributions indirectes.

SECTION PREMIÈRE.

Des Contributions directes.

Les contributions directes sont au nombre de cinq : 1° la contribution *foncière* qui est assise sur les immeubles ;

2° La contribution *personnelle*, qui est due par les personnes ;

3° La contribution *mobilière*, qui se perçoit sur les facultés mobilières, présumées d'après le loyer ;

4° La contribution des *portes et fenêtres*; elle est

accessoire à la contribution foncière ; mais elle en diffère en ce que celle-ci est une charge du propriétaire, et que celle-là est seulement avancée par le propriétaire qui en fait la répartition sur ses locataires, en sorte que ceux-ci la supportent en définitive.

5° Enfin, la contribution dite *patentes*, imposée sur les facultés commerciales. Elle se compose d'un droit fixe et d'un droit proportionnel ; le droit fixe est celui qui est réglé par le tarif, et il varie suivant les diverses professions ; le droit proportionnel est du dixième du loyer d'habitation, usines, ateliers, magasins, etc. Ce droit est dû pour tous les locaux occupés par un commerçant, soit dans une même ville, soit dans plusieurs, pourvu que ces locaux soient destinés par le contribuable à exercer son commerce, sa profession ou son industrie.

On distingue les diverses contributions directes relativement à leur assiette, en *impôt de répartition* et en *impôt de quotité*. L'impôt de répartition est celui dont la somme totale, fixée d'avance, se répartit proportionnellement entre les contribuables ;

L'impôt de quotité est celui où chaque contribuable étant coté d'après une proportion déterminée, la réunion des côtes forme le montant total de la contribution.

La contribution foncière, la contribution personnele, la contribution mobiliaire sont des impôts de répartition; la contribution des patentes est un impôt de quotité; la contribution des portes et fenêtres participe à la fois des deux caractères.

Dans l'impôt de répartition, le produit est assuré d'avance, et la proportion incertaine; dans l'impôt de quotité la proportion se fixe d'abord, et le produit est éventuel.

§ I.

De la Contribution foncière.

La contribution foncière est répartie par égalité proportionnelle sur toutes les propriétés foncières, à raison de leur revenu net imposable.

Le revenu imposable est le revenu net calculé sur un nombre d'années déterminées.

Le revenu net des terres est ce qui reste au propriétaire, déduction faite sur le produit brut, des frais de culture, semences, récoltes, entretien et transport des denrées au marché.

Toute propriété foncière doit être imposée dans la commune où elle est située.

Pour évaluer le revenu imposable des terres labourables, on s'assure d'abord de la nature des produits qu'elles peuvent donner; on suppute ensuite qu'elle est la valeur du produit brut qu'elles peuvent rendre, année commune; en formant l'année commune sur quinze années antérieures, moins les deux plus fortes et les deux plus faibles.

L'année commune du produit brut de chaque article de terre labourable étant déterminé ; les répartiteurs font déduction, sur ce produit, des frais de culture, semence, récolte et entretien ; ce qui reste forme le revenu net et imposable et est porté comme tel sur les états de section.

Pour évaluer le revenu imposable des vignes, on doit supputer d'abord quelle est la valeur du produit brut total qu'elles peuvent rendre, année commune, et on forme l'année commune sur quinze, comme pour les terres labourables.

Les jardins potagers doivent être évalués d'après le produit de leur location possible, année commune, en calculant cette année commune sur quinze, comme pour l'évaluation du revenu des terres labourables. En aucun cas, ils ne peuvent être évalués au-dessous du taux des meilleures terres labourables de la commune.

L'évaluation du revenu imposable des terrains de pur agrément, tels que parterres, pièces d'eau, etc., doit être portée au taux des meilleures terres labourables de la commune.

Le revenu imposable des prairies naturelles est calculé d'après la valeur de leur produit, année commune, prise sur quinze, comme pour les terres labourables. Les prairies artificielles sont évaluées comme les terres labourables d'égale qualité.

L'évaluation des bois en coupe réglée est faite d'après le prix moyen de leurs coupes annuelles, déduction faite des frais de garde et d'entretien.

L'évaluation des bois taillis, non en coupes réglées, se fait d'après leur comparaison avec ceux en coupes réglées de la commune ou du canton. — Sont réputés taillis tous les bois au-dessous de trente ans.

Le revenu des propriétés bâties s'évalue d'après les baux lorsqu'elles sont louées, et, à défaut de baux, d'après leur valeur locative.

Toute maison, bâtiment, usine, manufacture, enfin toute propriété bâtie, est évaluée en deux parties, savoir : la superficie sur le pied des meilleures terres labourables, et l'élévation d'après la valeur locative.

Le revenu net imposable des maisons d'habitation est déterminé d'après leur valeur locative, calculée sur dix années, sous la déduction d'un quart de cette valeur locative, en considération des frais d'entretien et de dépérissement, et déduction faite, aussi de l'évaluation donnée à la superficie.

Le *minimum* du revenu d'une maison est, pour la superficie, la valeur des meilleures terres labourables, et, pour l'élévation, une valeur double de la première, si elle n'a qu'un rez-de-chaussée; triple, si elle a un étage au-dessus, et quadruple, si elle a plusieurs étages. — La toiture n'est pas comptée pour un étage.

Les granges, écuries, greniers, caves, cours, basses-cours des fermes et métairies, ne sont point évaluées comme bâtimens ; leur superficie seule est estimée sur le pied des meilleures terres labourables.

Pour parvenir à l'évaluation des revenus imposables des départemens, on prend pour base les opérations obtenues par le cadastre [1], les notions fournies par la comparaison des baux, des ventes faites dans diverses localités et enfin tous les autres renseignemens qui sont au pouvoir de l'administration, et c'est d'après ces documens que les conseils généraux de département et les conseils d'arrondissement fixent le contingent des arrondissemens et des communes.

Les matrices des rôles sont le dénombrement et la désignation des propriétés imposables, contenant : les noms, prénoms, profession et demeure des propriétaires et usufruitiers ; la nature et l'étendue de la propriété ; la classe à laquelle elle appartient ; le revenu de la propriété ; le nombre des portes et fenêtres et les mutations qui surviennent.

[1] Le cadastre est une opération qui consiste dans la description et évaluation des terres, d'après la division des héritages et la différence des cultures. — Cette opération a pour but principal la juste répartition de la contribution foncière dans tous ses degrés proportionnellement à l'étendue, à la qualité et au revenu absolu ou relatif de chaque propriété.

§ II.

De la Contribution personnelle et mobiliaire.

La contribution personnelle est distincte de la contribution mobilière.

La taxe personnelle est établie sur chaque habitant français de tout sexe, jouissant de ses droits et qui n'est pas réputé indigent, et surtout habitant non français résidant depuis six mois dans la commune.

Sont considérés comme jouissant de leurs droits les garçons et filles ayant un revenu personnel; les garçons et filles exerçant une profession, lorsqu'ils ont un établissement distinct de celui de leurs père et mère; les veuves et les femmes séparées de leur mari.

La taxe personnelle est égale pour tous les habitans d'une même commune et elle est formée du prix moyen de trois journées de travail. La valeur de la journée de travail ne peut être au dessous de 70 cent., ni au-dessus de 1 fr. 50 cent.

La taxe mobilière se détermine, pour chaque contribuable, d'après le loyer de son habitation personnelle. — On entend par loyer d'habitation celui qui porte sur les parties de bâtimens servant à l'habitation personnelle du contribuable et de sa famille.

La matrice du rôle porte en tête l'indication de

la population et le montant de la contribution personnelle et mobiliaire ; elle renferme la désignation des noms, prénoms, profession et demeure
de chaque contribuable.

Elle est rédigée par le contrôleur sur les renseignemens donnés par les répartiteurs.

§ III.

De la Contribution des portes et fenêtres.

Nous avons dit que la contribution des portes et
fenêtres participait de l'impôt de répartition et de
l'impôt de quotité : elle est un impôt de répartition, en ce sens, que le contingent total est assi-
gné à chaque commune, comme pour les contributions dont nous venons de parler ; elle a cela de
commun avec les impôts de quotité, que la loi a
fixé un tarif du droit à percevoir sur chaque espèce
de porte et fenêtre, tarif d'après lequel se règle le
montant de la contribution acquittée par chaque
propriétaire ou locataire.

La contribution des portes et fenêtres est établie
sur les portes et fenêtres donnant sur les rues,
cours et jardins des maisons, bâtimens et usines,
sur tout le territoire du royaume.

Les taxes sont graduées d'après la population, et
la situation des portes et fenêtres.

La contribution des portes et fenêtres est exigible contre les propriétaires et usufruitiers, fermiers et principaux locataires, sauf leur recours contre les locataires particuliers pour le remboursement de la somme due, à raison des locaux par eux employés.

Ne sont point imposables :

Les portes placées dans l'intérieur de l'escalier et des appartemens ;

Les portes et fenêtres servant à éclairer ou à aérer les granges, bergeries, étables, greniers, caves et autres locaux qui ne servent pas à l'habitation des hommes, ainsi que toutes les ouvertures du comble ou de la toiture des maisons ;

Les portes et fenêtres des hospices et des bâtimens employés à un service public, militaire ou d'instruction ; cependant les individus qui occupent une partie quelconque des bâtimens ci-dessus, et à qui la loi n'accorde point de logement, doivent être imposés pour la partie qu'ils occupent.

Les propriétaires des manufactures ne sont imposés que pour les fenêtres de leur habitation personnelle et celles de leurs concierges et commis.

La matrice de cette contribution indique :

La rue et le numéro des maisons ;

Les noms, prénoms, professions et demeures des propriétaires et usufruitiers ;

Le nombre des portes charretières et ordinaires ; celui des fenêtres de rez-de-chaussée, de l'entresol, des premier, deuxième, troisième étages et au-dessus.

Dans les communes cadastrées, le recensement des portes et fenêtres imposables est fait par le contrôleur des contributions.

Dans les communes non cadastrées, il est fait par le maire et l'adjoint.

§ IV.

Des Patentes.

La patente est la faculté conférée à un particulier d'exercer librement une branche d'industrie.

La patente est assujettie à un droit qui est perçu à raison du genre de l'industrie, ou du lieu dans lequel cette industrie est exercée. — Ainsi, dans toute l'étendue du royaume, ceux qui exercent un commerce, une industrie, un métier ou une profession quelconque, sont tenus de se munir d'une patente et de payer les droits fixés, sauf les exceptions.

Les droits de patente se divisent en *droits fixes* et en *droits proportionnels*.

On distingue cinq catégories de droits fixes :

La première catégorie se compose des patentables qui sont partagés en sept classes et taxés d'après la population, conformément au tarif reglé par la loi (lois du 1er brumaire, an VII ; du 13 floréal, an x ; du 25 mars 1817, art. 56).

La deuxième se compose des patentables hors de classes, lesquels sont assujettis, sans égard à la population, à un droit fixe, mais relatif à chacune de leurs professions et déterminé par la loi (lois du 1er brumaire, an VII ; du 12 floréal, an x ; du 25 mars 1817, art. 68, 69 et 70).

La troisième ne comprend que les fabricans à métier, lesquels, outre les droits de cinquième classe, paient, par chaque métier excédant le nombre de cinq, un supplément relatif à chacune de leurs fabrications, et qui est fixé par la loi (loi du 25 mars 1817, art. 57).

La quatrième contient les filateurs de laine et de coton, qui paient un droit proportionnel au nombre de broches, fixé par la loi (*ibid.* art. 58).

La cinquième embrasse les fabricans et manufacturiers, qui paient le droit fixe, sans égard à la population de leur commune, dans des proportions qui sont déterminées par la loi (lois du 1er brumaire an VII, art. 35 ; instruction minist. du 30 fructidor, an XI).

Le droit proportionnel consiste dans un dixième de loyer, mais seulement de la partie de la maison destinée au commerce. Ainsi, celui qui tient son atelier hors de sa maison n'est soumis au droit proportionnel que sur le local où se trouve son atelier, et non sur sa maison.

Sont exemptés de la patente :

1° Les fonctionnaires publics et employés salariés par l'État, en ce qui concerne seulement l'exercice de leurs fonctions ;

2° Les propriétaires, laboureurs et cultivateurs ;

3° Les commis, ouvriers, journaliers et toutes les personnes à gages travaillant pour autrui dans les ateliers ou boutiques ;

4° Les associés en commandite ;

5° Les avocats et les notaires ;

6° Les peintres, graveurs, sculpteurs, considérés comme artistes et ne vendant que le produit de leur art ;

7° Les professeurs et les instituteurs ;

8° Les marins qui commandent les navires ou barques faisant le petit cabotage ou la pêche ;

9° Les pêcheurs ;

10° Les Maîtres de la poste aux chevaux ;

11° Les porteurs de contrainte ;

12° Les marchands ambulans ;

13° Les sages femmes ;

14° Les cardeurs ;

15° Les fileurs de laine ou de coton ;

16° Les blanchisseuses ;

17° Les savetiers ;

18° Les tripiers ;

19° Les ouvriers qui n'ont qu'un seul métier chez eux et qui travaillent pour les fabricans ;

20° Les médecins, chirurgiens et officiers de

(165)

*santé employés près des hôpitaux civils et militaires
et au service des pauvres par nomination du gouvernement ou des autorités constituées, soit qu'ils
exercent ou non leur art pour des particuliers.*

SECTION DEUXIÈME.

Des Contributions indirectes.

Les contributions indirectes comprennent tous
les impôts qui frappent sur les boissons, les sels,
les cartes à jouer, les tabacs et les poudres à feux.

Au nombre des contributions indirectes sont
encore les droits de navigation, de passage sur
les bacs et bateaux; les droits de la poste aux
lettres [1], et ceux sur les voitures publiques. Il faut
y joindre les droits de greffe, d'enregistrement, de
timbre et ceux de garantie pour les matières d'or
et d'argent.

Le recouvrement de ces différens droits est confié à diverses administrations;

1° A celle dite des contributions indirectes qui
perçoit les droits sur les boissons, tabacs, etc. ;

2° A celle des douanes qui perçoit les droits sur
des marchandises qui sont l'objet du commerce
extérieur ;

---

[1] On doit considérer les droits de la poste aux lettres comme le
prix de services rendus.

3º A celle de l'enregistrement et des domaines, pour l'enregistrement, le timbre, etc.

Le contentieux relatif à ces diverses contributions est du ressort de l'autorité judiciaire, et l'administration est chargée de préparer, d'assurer et de poursuivre le recouvrement.

§ I.

De l'Impôt sur les Boissons.

Les boissons que frappe l'impôt sont : les vins, les eaux-de-vie, les esprits et liqueurs, le cidre, la bière et les autres boissons produites par la fermentation.

1º L'impôt frappe à la fabrication. — Ainsi, le droit de la fabrication de la bière est perçu, soit en raison de la quantité fabriquée, soit par la voie d'abonnement. (Dans ce dernier cas, la régie peut consentir de gré à gré avec les brasseurs de la ville de Paris et des villes au-dessus de trente mille ames, un abonnement général pour le montant du droit de fabrication dont ils sont présumés passibles. — Cet abonnement est discuté entre le directeur de la régie et les syndics nommés par les brasseurs; il devient définitif par l'approbation du ministre des finances, donné sur le rapport du directeur général des contributions indirectes.)

Il est perçu deux droits : l'un à la fabrication de

la bière forte, l'autre à la fabrication de la petite bière.

Les employés de la régie sont autorisés à vérifier dans les bacs et cuves, ou à l'entonnement, le produit de la fabrication de chaque brassin.

Les brasseurs déclarent, par écrit au bureau de la régie, la contenance de leurs chaudières, bacs et cuves, avant de s'en servir : cette déclaration est vérifiée par les employés qui en dressent procès-verbal.

Tout brasseur est tenu, chaque fois qu'il veut mettre le feu sous ses chaudières, d'en faire la déclaration au moins quatre heures d'avance dans les villes, et douze heures d'avance dans les campagnes, afin que la surveillance puisse être exercée.

Les brasseurs sont soumis aux visites et vérifications des employés, et tenus de leur ouvrir, à toute réquisition, leurs maisons, brasseries, ateliers, magasins, caves et celliers, ainsi que de leur représenter les bières qu'ils ont en leur possession.

2° L'impôt frappe à la circulation. — Ainsi, à chaque enlèvement ou déplacement de vins, cidres, poirés, eaux-de-vie, esprits et liqueurs composés d'eaux-de-vie ou d'esprits, il est perçu un droit de circulation.

Ne sont point assujetties à ce droit :

Les boissons qu'un propriétaire fait conduire de son pressoir ou d'un pressoir loué dans ses caves ou celliers.

Celles qu'un fermier remet au propriétaire, en vertu de conventions énoncées dans les baux.

Celles que les marchands font transporter de l'une de leurs caves dans une autre située dans l'étendue du département. — Dans ces différens cas, les particuliers doivent seulement se munir d'un passe-avant.

3° L'impôt frappe à l'entrée des villes. — Ainsi, il est perçu au profit du trésor, dans certaines villes et communes, un droit d'entrée sur les boissons destinées à la consommation du lieu, ce droit est perçu aux entrées : en conséquence, tout conducteur de boissons est tenu, avant de les introduire dans les lieux sujets aux droits d'entrée, d'en faire la déclaration au bureau, de produire les congés, acquits à caution, ou passe-avant dont il est porteur, et d'acquitter les droits.

Sont exceptées de ce droit : les boissons introduites dans un lieu sujet au droit d'entrée, pour le traverser seulement ou y séjourner moins de vingt-quatre heures ; mais alors, le conducteur est tenu d'en consigner ou d'en faire cautionner le montant à l'entrée, et de se munir d'un passe-debout. La somme consignée n'est restituée et la caution libérée qu'après la justification de la sortie du lieu.

Lorsqu'il est possible de faire escorter les chargemens, le conducteur est dispensé de consigner ou de cautionner.

4° L'impôt frappe à la vente : ainsi, lors de la

vente en détail des vins, cidres, poirés, eaux-de-vie, esprits ou liqueurs composés d'eau-de-vie ou d'esprit, il est perçu un droit sur le prix de ladite vente.

Les débitans sont tenus de déclarer aux commis le prix de vente de leurs boissons; lesdits prix sont inscrits, tant sur les portatifs que sur une affiche apposée par le débitant dans le lieu le plus apparent de son domicile.

Les boissons déclarées sont prises en charge aux registres portatifs des commis : à cet effet, les futailles sont jaugées et marquées par les employés, les boissons dégustées, et le degré des eaux-de-vie vérifié.

Tout débitant est soumis aux visites et exercices des employés de la régie.

Les débitans sont tenus de leur ouvrir leurs caves, celliers, etc., même les jours de fête et dimanche. En cas de refus, les employés dressent procès-verbal.

Du reste, les débitans peuvent éviter les visites et exercices en s'abonnant, c'est-à-dire en payant l'estimation du droit de détail dont ils sont estimés passibles.

5° L'impôt frappe à la consommation ainsi, un droit général de consommation est perçu sur toute quantité d'eau-de-vie, d'esprit ou de liqueur composée d'eau-de-vie, qui est adressée à une personne autre que celles assujetties aux exercices de la régie.

Ce droit est payé à l'arrivée des boissons et avant la décharge de l'acquit à caution ; ce qui n'empêche pas cependant qu'il soit payé par l'expéditeur lors de l'enlèvement.

En terminant ce paragraphe, nous dirons que la *licence* a quelque analogie avec la patente, et qu'elle en diffère en ce que la patente est exigée pour embrasser la profession de débitant, et que la licence s'applique à la profession exercée. Elle constate la déclaration de celui qui débite, et cette déclaration a pour objet de faire connaître à l'administration ceux qui exercent une profession soumise à la surveillance.

§ II.

De l'Impôt sur les Sels.

L'administration des douanes perçoit cet impôt concurremment avec celle des contributions indirectes.

La première exerce dans le rayon de trois lieues des côtes ; la seconde dans l'intérieur.

Le trésor public a droit à trois décimes par kilogramme de sel sur tous les sels enlevés, soit des marais salans de l'Océan, soit de ceux de la Méditerranée, soit des salines de l'Est, soit de toute autre fabrique de sel.

Le droit établi est dû par l'acheteur au moment de la déclaration d'enlèvement.

Il ne peut être établi aucune fabrique de sel sans une déclaration préalable de la part du fabricant, à peine de confiscation des ustensiles propres à la fabrication et d'une amende de 100 fr.

Les préposés des douanes sont autorisés à se transporter en tout temps, dans l'enceinte des marais salans, dans les salines et lieux de dépôt, pour y exercer leur surveillance.

Les préposés des contributions indirectes visitent et tiennent en exercice les salines et fabriques de l'intérieur.

§ III.

De l'Octroi.

On entend par octroi un droit perçu sur la consommation à l'entrée de certaines villes. Ce droit est établi pour former un revenu aux villes et à leurs établissemens charitables ; mais sur le produit duquel est réservé un prélèvement de dix pour cent au profit du trésor.

Les préposés de l'octroi sont placés sous la surveillance de l'autorité publique. — Il est défendu de les injurier, maltraiter, et même de les troubler dans l'exercice de leurs fonctions, sous les peines de droit. —La force armée est tenue de leur prêter secours et assistance toute les fois qu'elle en est requise.

Les objets soumis au tarif de l'octroi, sont les boissons et liquides, les comestibles, les combustibles, les fourrages, les matériaux.

§ IV.

Des Cartes à jouer.

Il est perçu un droit sur les cartes, lequel est acquitté par les fabricans au moment où ils font la levée du papier filagrané au bureau de distribution de la régie.

Nul ne peut fabriquer ou vendre des cartes, sans avoir reçu une commission de la régie.

Les fabricans de cartes sont soumis au pàiement annuel d'un droit de licence.

§ V.

De la Fabrication, de la Vente et de la Culture du Tabac.

A l'état appartient le monopole de la fabrication et de la vente du tabac. Cette plante ne peut être cultivée sans déclaration suivie d'une permission.

L'achat, la fabrication et la vente du tabac continuent à avoir lieu par la régie des contributions indirectes, dans toute l'étendue du royaume, exclusivement au profit de l'État.

Défenses sont faites d'introduire des tabacs étrangers, à moins qu'ils ne soient achetés pour le compte de la régie.

Les employés des contributions indirectes, des douanes ou des octrois, les gendarmes, les préposés forestiers, les gardes-champêtres, et tous employés assermentés, peuvent constater la vente des tabacs en contravention, le colportage, les circulations illégales et généralement les fraudes sur le tabac; procéder à la saisie des tabacs, ustensiles et mécaniques prohibés par la loi ; à celles des chevaux, voitures, bateaux et autres objets servant au transport, et constituer prisonniers les fraudeurs et colporteurs.

La culture du tabac n'est autorisée que dans certains départemens désignés par la loi.

Nul ne peut se livrer à la culture du tabac sans en avoir fait préalablement la déclaration, et sans en avoir obtenu la permission. — Il n'est point admis de déclaration pour moins de vingt ares en une seule pièce.

Les tabacs plantés en contravention sont détruits aux frais des cultivateurs, sur l'ordre que le sous-préfet en donne, à la réquisition du directeur de la régie de l'enregistrement.

Les contrevenans sont en outre condamnés à une amende de 5o fr. par cent pieds de tabac, si la plantation est faite sur un terrain ouvert, et de 15o fr., si le terrain est clos de murs, sans que cette amende puisse excéder, en aucun cas, 3,ooo fr.

§ VI.

De la Vente des Poudres.

La vente des poudres se fait pour le compte de l'état, soit dans les magasins nationaux, soit par les débitans pourvus de commissions de l'administration des contributions indirectes.

Il est défendu à qui que ce soit de fabriquer ou de vendre de la poudre sans y être autorisé, de tenir et vendre de la poudre de contrebande, et d'introduire aucunes poudres étrangères dans le royaume.

§ VII.

Des Droits sur la Navigation.

Ces droits sont établis sur la navigation intérieure et sur la navigation extérieure. Ceux de la première espèce sont perçus par la régie des contributions indirectes ; ceux de la seconde, sont perçus par l'administration des douanes, à laquelle ils sont payés aux entrées et sorties du royaume.

Le droit de navigation intérieure est perçu, dans toute l'étendue du royaume, sur les fleuves et rivières navigables. Il est également établi sur les canaux navigables qui, antérieurement, n'y avaient point été assujettis, ou dont la perception des anciennes taxes avait été suspendue (loi du 29 floréal an **x**, art. 1).

Le tarif des droits à percevoir sur chaque fleuve, rivière ou canal, est arrêté par le gouvernement, après avoir consulté les principaux négocians, marchands ou mariniers qui les fréquentent.

§ VIII.

Du Droit au Passage des bacs et bateaux.

Aucun bac ou bateau pour le passage des eaux, ne peut être établi qu'au profit de l'état. A l'exception 1° des bacs et bateaux non employés à un passage commun, mais construits pour le seul usage d'un particulier, ou pour l'exploitation d'une propriété circonscrite par les eaux; 2° des barques, batelets et bachots servant à l'usage de la pêche; mais les propriétaires desdites barques, batelets et bachots ne peuvent point établir de passage à heures ni lieux fixes.

§ IX.

Des Droits sur les Voitures publiques.

Ces droits sont établis sur le prix des places des voyageurs et sur le transport des marchandises, soit qu'il s'agisse des voitures publiques de terre, ou de voitures publiques d'eau. Les entrepreneurs sont, en outre, soumis à un droit de licence. Ainsi, les entrepreneurs de voitures publiques de terre et d'eau, sont assujétis à payer, au profit de l'état, un dixième du prix des places et du prix reçu pour le transport des marchandises, sous la déduction, pour les places vides, d'un tiers du prix total des places.

On distingue les voitures publiques en voitures à *service régulier* et voitures partant *d'occasion* et *à volonté.*

Sont considérées comme voitures à service régulier, toutes les voitures qui font le service d'une même route ou d'une ville à une autre, lors même que les jours et les heures du départ varieraient.— Les droits dont nous venons de parler sont établis relativement à ces sortes de voitures.

Tout entrepreneur de voitures publiques suspendues ou non suspendues, partant d'occasion ou à volonté, est tenu de payer, pour tenir lieu du dixième imposé sur les voitures à service régulier, un droit fixe et annuel proportionné au nombre de places et des roues des voitures.

Le montant des droits dus par les entrepreneurs de voitures à service régulier peut être exigé tous les dix jours

A l'égard des voitures partant d'occasion ou à volonté, le droit fixe est exigible par trimestre et d'avance.

Les employés de la régie des contributions indirectes sont autorisés à assister aux chargemens et déchargemens des voitures, tant au lieu de départ et d'arrivée, que dans le cours de la route, à viser les registres et feuilles de route, à en vérifier l'exactitude, à en prendre copie et à dresser procès-verbal de toutes les contraventions.

Toute voiture qui circule sans estampille ou sans laissez-passer, est saisie, ainsi que les chevaux et harnais : en observant que, dans aucun cas, les employés ne peuvent arrêter les voitures sur les grandes routes ailleurs qu'aux entrées et sorties des villes ou aux relais. En cas de soupçon de fraude, ils ne peuvent faire leur vérification qu'à la première halte.

§ X.

Du Produit de la poste aux lettres.

Nous avons dit que l'on considérait les droits de la poste aux lettres comme le prix de services rendus; nous ajoutons que le monopole est établi au profit de l'État, et qu'au prix perçu comme indemnité de frais de service, se joint aussi une indemnité au profit du trésor.

Puisque le monopole est établi au profit de l'État, il s'ensuit qu'il est défendu aux entrepreneurs de voitures et à toute personne de s'immiscer dans le transport des lettres, journaux, etc., dont le port est exclusivement confié à l'administration des postes aux lettres.

En conséquence, les directeurs, contrôleurs et inspecteurs des postes, les employés des douanes aux frontières, et la gendarmerie, sont autorisés à faire ou à faire faire toutes perquisitions et saisies sur les messagers, piétons chargés de porter les dépêches, voitures de messageries et autres de même espèce, afin de constater les contraventions; à l'effet de quoi ils peuvent, s'ils le jugent néces-saire, se faire assister de la force armée. — Les préfets, sous-préfets, et maires des communes et les commissaires de police, sont chargés de veiller à l'exécution de ces dispositions.

Les procès-verbaux doivent être dressés au mo-ment de la saisie; ils doivent contenir l'énuméra-tion des lettres et paquets saisis, ainsi que leurs adresses.

Copies en sont remises avec lesdites lettres et paquets saisis en fraude, savoir :

A Paris, à l'administration des postes;

Et dans les départemens au bureau du directeur des postes le plus voisin de la saisie.

Lesdits procès-verbaux sont de suite adressés au procureur du Roi par les préposés des postes, pour poursuivre contre les contrevenans la condamna-tion à l'amende de 150 fr. au moins, et de 300 fr. au plus, par chaque contravention.

§ XI.

Du Droit de garantie sur les matières d'or et d'argent.

Des garanties spéciales sont commandées pour protéger la bonne foi qui doit régner dans le commerce, et la sécurité nécessaire aux ventes journalières de certaines choses précieuses, à l'égard desquelles la fraude serait facile et la vérification difficile. Ce sont les matières d'or et d'argent et les objets fabriqués dans lesquels ces matières sont employées.

La garantie du titre des ouvrages en matière d'or et d'argent est assurée par des poinçons.

Ils sont appliqués sur chaque pièce, ensuite d'un essai de la matière.

Il y a pour marquer les ouvrages, tant en or qu'en argent, trois espèces de poinçons : celui du fabricant, celui du titre, celui du bureau de garantie. — Il y a d'ailleurs deux petits poinçons : l'un pour les menus ouvrages d'or ; l'autre pour les menus ouvrages d'argent trop petits pour recevoir l'empreinte des trois espèces de poinçons précédentes. — Il y a de plus un poinçon pour les ouvrages venant de l'étranger.

Il est perçu un droit de garantie sur les ouvrages d'or et d'argent de toutes sortes de fabriques.

Les lingots d'or et d'argent affinés paient un

droit de garantie avant de pouvoir être mis dans le commerce.

Les ouvrages d'or et d'argent venant de l'étranger doivent être présentés aux employés des douanes à la frontière, pour être envoyés au bureau de garantie le plus voisin, où ils sont marqués du poinçon.

§ XII.

Des Droits du Timbre.

La contribution du timbre est de deux sortes : l'une est établie en raison de la dimension du papier employé ; l'autre est établie en raison des sommes exprimées dans les effets négociables, quelle qu'en soit la dimension.

Nous sortirions des bornes que nous nous sommes imposées, si nous voulions énumérer tous les actes civils ou judiciaires qui doivent être écrits sur papier timbré.

Donnons-en seulement quelques exemples :

Sont assujettis au timbre de dimension, les actes des notaires et les extraits et expéditions qui en sont délivrés ;

Ceux des huissiers et les expéditions qu'ils en délivrent ;

Les actes et procès-verbaux de tous employés et agens ayant droit de verbaliser, etc., etc.

Sont assujetis au droit de timbre en raison des sommes et valeurs :

Les billets à ordre ou au porteur et tous effets négociables ou de commerce, même les lettres de change tirées par seconde, troisième, etc.;

Les billets non négociables;

Les effets négociables venant de l'étranger, ou des îles et colonies françaises où le timbre n'est pas établi, avant qu'ils puissent être négociés, acceptés ou acquittés en France.

§ XIII.

Des Droits d'Enregistrement.

Les droits d'enregistrement sont *fixes* ou *proportionnels*.

Le droit fixe s'applique aux actes, soit civils, soit judiciaires ou extrajudiciaires, qui ne libèrent ou n'obligent personne, ou qui ne transmettent la propriété, l'usufruit ou la jouisssnce d'aucun bien.

Le droit proportionnel est dû pour les obligations, libérations, condamnations, collocations ou liquidations de sommes ou valeurs, et pour toute transmission de propriété, d'usufruit ou de jouissance de biens, meubles ou immeubles, soit entre vifs, soit par décès. — Ce droit est assis sur les valeurs.

FIN.

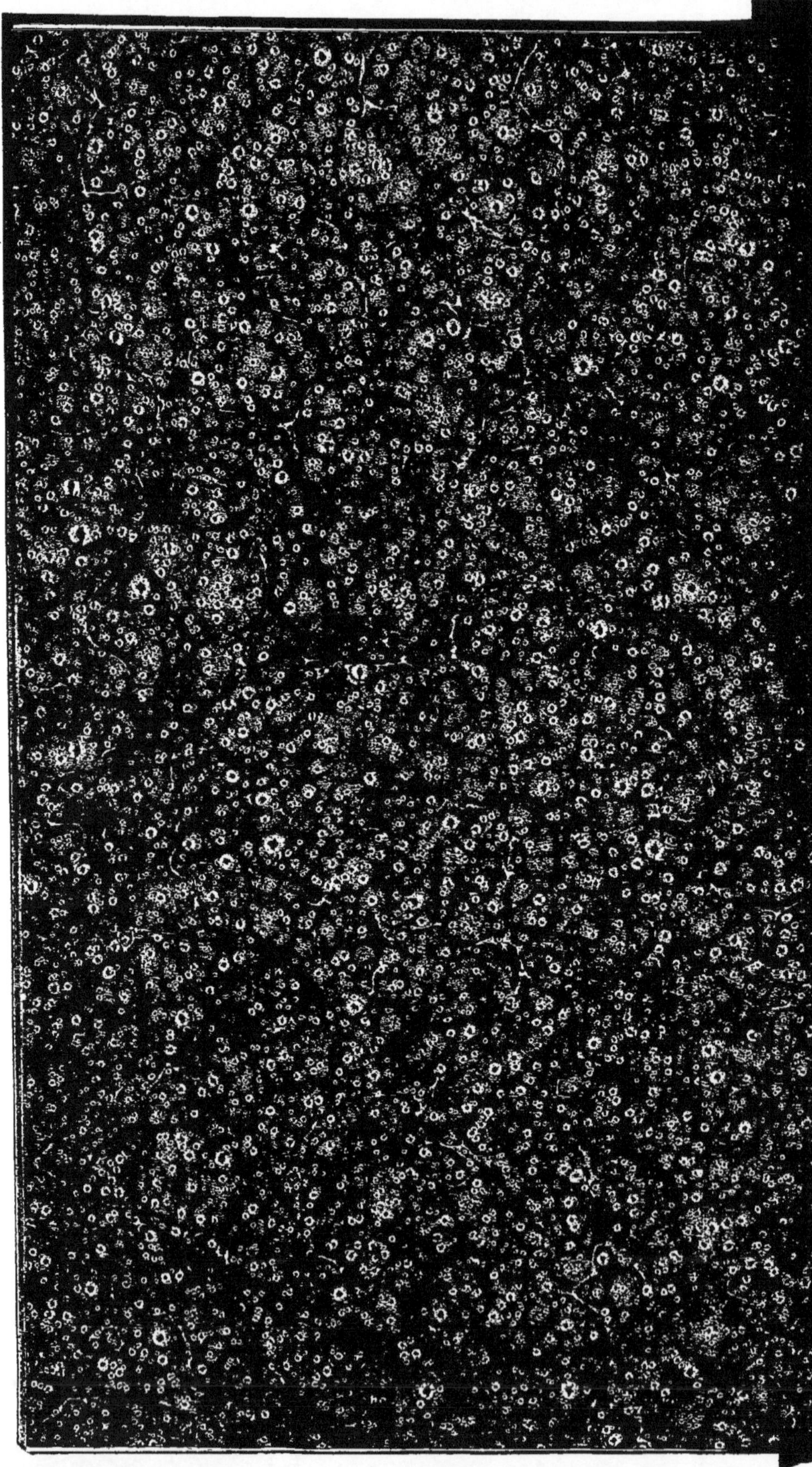

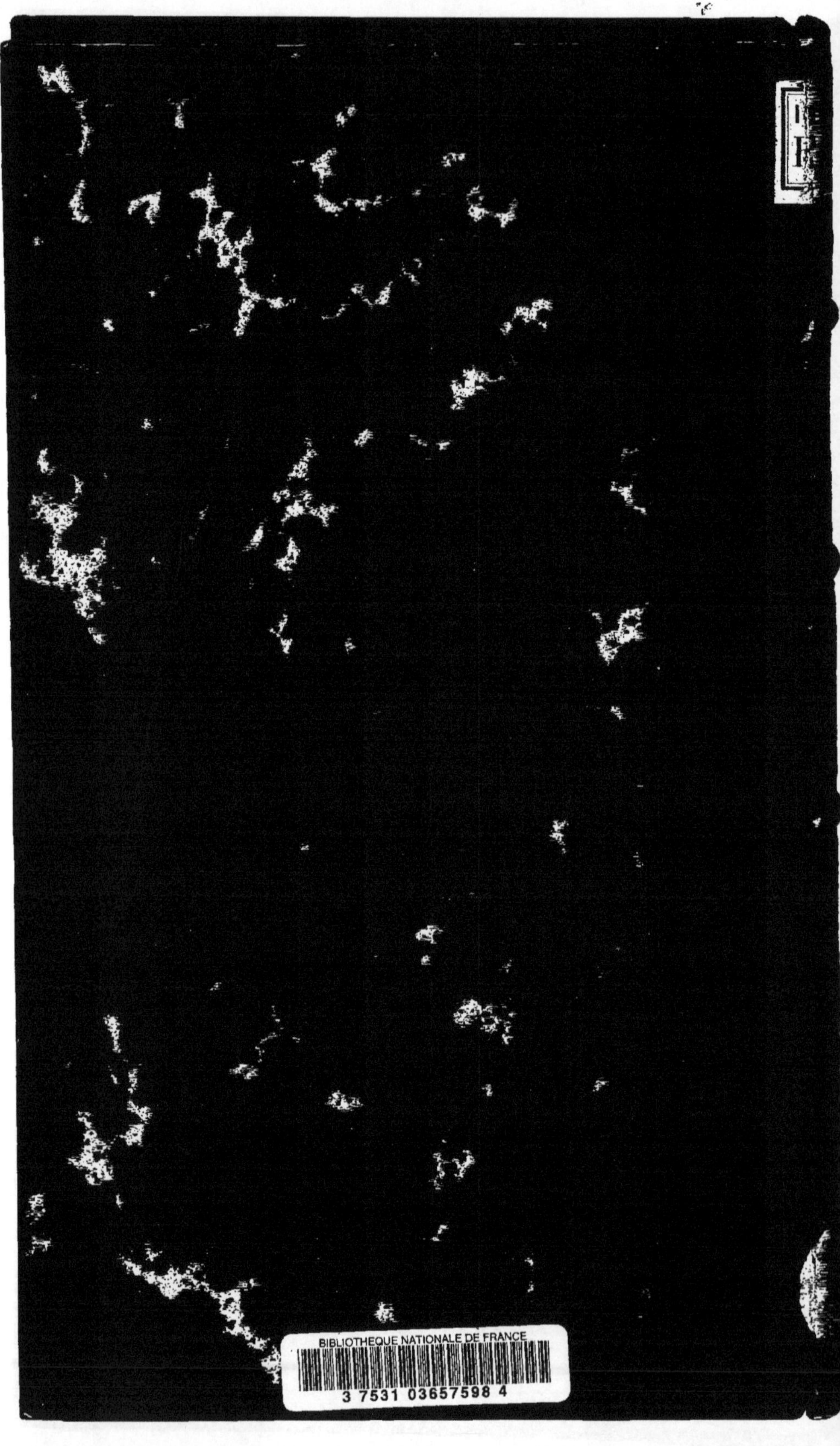